국민* 기초한국어

국민대학교 국제교육원

국민대학교 출판부

국민* 기초한국어

초 판 1 쇄	2020년 8월 17일
편 집 인	국민대학교 국제교육원
편 저 자	정연희, 윤보은, 강보미
감 수	이동은
발 행 인	임홍재
발 행 처	국민대학교 출판부
전 화	02-910-4242~3
팩 스	02-910-4240
인쇄 · 편집	동방인쇄공사
전 화	02-468-0301
녹 음	옐로우랩 사운드

ISBN 978-89-7812-463-8
978-89-7812-462-1(세트)

값 22,000원 (세트 31,000원)

※ 이 책의 일부 이미지는 pixabay(https://pixabay.com; 물병-p.82, 치약-p.82, 칫솔-p.82, 공책-p.82), 저작권위원회 공유마당(https://copyright.or.kr; 사과-p.15, 질문하는 학생들-p.97), flaticon(대화 1,2 마이크 아이콘(https://www.flaticon.com/authors/freepik)에서 사용하였다.

머리말

2020년 현재 한국어는 사용 인구 면에서 세계 20위권 내 주요 언어의 자리를 지키고 있습니다. 한국어는 한국 문화와 더불어 한국을 널리 알리고, 세계인들과 함께 소통하는 매우 중요한 역할을 수행하고 있습니다. 이러한 맥락에서 한국어의 위상은 전 세계적인 한국어의 학습 열풍과 함께 앞으로도 한층 높아질 것으로 전망합니다. 최근 들어 한국어 교육은 외국어 교육 분야의 패러다임 변화가 가져 온 새로운 전기를 맞아 세계 주요 외국어 교육계와 어깨를 나란히 하면서 한층 도약하고 있습니다.

국민대학교는 2002년 3월부터 외국인을 위한 한국어 교육을 시작했으며, 2020년 4월 기준으로 세계 50여 개국 언어문화권의 학습자들이 한국어를 배우고 있습니다. 이렇게 날로 증가하는 외국인 학습자들의 다변화된 요구를 반영하려는 노력으로 2012년부터 시작된 한국어 교재 연구 · 개발 프로젝트에서는 '국민한국어'의 초급, 중급의 완간으로 그 결실을 보았습니다. 이제 이 프로젝트의 일환으로 학습자 친밀도를 극대화한 교재인 〈국민* 기초한국어〉를 펴내게 되었습니다.

〈국민* 기초한국어〉에는 그간 국민대학교 국제교육원 한국어교육센터가 축적해 온 한국어 교육과정의 연구 · 개발 성과가 매우 새롭고 합리적인 방식으로 구현되어 있습니다. 이 교재는 다음과 같은 특성을 지닙니다.

첫째, 단기간에 한국어의 기초를 습득하려는 학습자들을 대상으로 하여 〈국민한국어1〉의 핵심적인 내용을 담았습니다. 〈국민한국어1〉이 학습자의 관점에서 내용이 유익하고 흥미롭다는 점이 검증된 만큼 학습자에게 친밀하게 다가갈 것으로 생각합니다.

둘째, 한 학기의 수업 시간을 고려하여 내용이 구성되었으며, 한국어를 처음 배우는 학습자라도 기본적인 여러 상황에서 의사소통능력을 발휘할 수 있도록 하는 데 초점을 맞추었습니다.

셋째, 단원마다 읽기와 문화 영역을 두어 초급 학습자의 이해 능력을 높이고 한국 문화를 간접적으로 경험할 수 있는 기회를 제공하여, 한국어에 대한 관심과 흥미를 지속적으로 가질 수 있도록 구성하였습니다.

〈국민* 기초한국어〉를 출간하면서 감사해야 할 분들이 참으로 많습니다. 우선 이 교재의 특성을 종합적으로 고려하여 연구, 개발에 무한한 열정을 쏟아 주신 교양대학의 정연희, 윤보은 교수님과 국제교육원의 강보미 선생님께 깊은 감사를 드립니다. 보다 재미있고, 효율적인 한국어 교육을 위해 연구, 개발과 수업에 임하고 계신 국민대학교 한국어교육센터의 여러 선생님들께도 감사의 인사를 드립니다. 그리고 교재가 예쁘게 나올 수 있도록 도움을 주신 박근영 교수님과 번역과 감수를 맡아 주신 여러 교수님들께도 감사를 드립니다.

또한, 편집과 출판을 맡아 책을 멋지게 꾸며 주신 국민대학교 성곡도서관 이호선 관장님과 출판부 직원 여러 분께도 깊은 경의를 표합니다. 교재 집필진 및 출판부와 소통하여 이 교재의 맵시를 더해주신 동방인쇄공사의 편집 및 디자인 전문가의 노고에도 감사드립니다. 그리고 교재 제작 전 과정에서 아낌없는 지원을 해 주신 국제교육원 교학팀에도 큰 감사를 드립니다.

앞으로 많은 학습자들이 〈국민* 기초한국어〉를 통해 한국어와 더욱 친밀해져서 소통능력을 높이며, 동시에 많은 한국어 교육자들의 관심을 불러일으켜 더욱 효과적으로 한국어를 가르칠 수 있기를 바랍니다. 아울러 이 교재가 한국어 교육 발전사에 의미 있는 기여를 하게 되기를 기원합니다.

2020년 여름
국민대학교 국제교육원장 이 동 은

차례

Contents

교재 구성

과	제목	문법 및 표현	기능	문화
한글	한글 1	모음 1 ㅏ ㅓ ㅗ ㅜ ㅡ ㅣ 자음 1 ㄱ ㄴ ㅁ ㅅ ㅇ 모음 2 ㅑ ㅕ ㅛ ㅠ	한글 자모 익히기	한글
	한글 2	자음 2 ㄷ ㄹ ㅂ ㅈ ㅎ 자음 3 ㅊ ㅋ ㅌ ㅍ 자음4 ㄲ ㄸ ㅃ ㅆ ㅉ		
	한글 3	모음 3 ㅐ ㅔ ㅒ ㅖ ㅘ ㅝ ㅚ ㅙ ㅞ ㅟ ㅢ 받침 1 받침 2		
1과	어느 나라 사람이에요?	저는 ~이에요/예요 이/가 아니에요	자기 소개하기 잘못된 정보 정정하기	한국인의 이름
2과	그게 뭐예요?	사물 명사 이/그/저	사물 이름 말하기 지시표현 사용하여 말하기	
3과	어디에 있어요?	이/가 있다/없다 에[1]	위치 설명하기	
읽기	1. 저는 요리사예요 2. 여기는 우리 교실이에요			
4과	이 모자 얼마예요?	한자어 숫자 가격	가격 묻고 대답하기	
5과	어디에 가요?	장소 명사 에 가다	이동 장소 말하기	
6과	커피 한 잔 주세요	고유어 숫자, 단위 명사 주문	주문하기	
읽기	3. 우리는 매일 학생회관에 가요 4. 학생회관 1층에 서점이 있어요			
7과	저는 지금 숙제를 해요	-아/어/여요 을/를	일상 활동 말하기	한국어의 호칭
8과	오늘 학교에 안 가요	에서 안	장소에 따른 활동 말하기 부정 표현 사용하여 말하기	
9과	월요일에 시험이 있어요	에[2] 하고	날짜와 요일 말하기	
10과	한국 생활이 재미있어요.	형용사 도 -(으)시-	상태 설명하기 높임 표현 사용하여 말하기	
읽기	5. 저는 주말에 인사동에 가요 6. 우리 가족이에요			

Table of Contents

교재 구성과 사용법

The structure of this textbook and how to use it

<국민* 기초한국어>는 단기간에 한국어의 기초를 습득하려는 학습자들을 위해 <국민한국어1>의 핵심적인 내용을 모아 개발한 교재이다. 이 책은 한글부터 시작하여 한국어의 기본 문장 구조까지의 기초적인 내용을 다루고 있으며, 처음 한국어를 배우는 학습자가 접하기 쉬운 상황에서 의사소통 능력을 키우는 데 목적을 두고 있다.

한 학기의 수업 시간을 고려하여 전체 단원을 13개로 구성하였으며, 3~4개의 단원마다 읽기와 문화 영역을 두어, 이해 능력을 높이고 한국 문화를 간접적으로 경험할 수 있는 기회를 제공하였다.

<Kookmin* Basic Korean> is a textbook compiling the essential content of <Kookmin Korean 1> for students who want to learn the basics of the language in a short amount of time. This textbook covers fundamental content starting from the Korean alphabet to basic sentence structures. The purpose of this book is to improve communication skills in common situations that learners who have just begun studying Korean will regularly encounter.

Designed for a semester-long course, the book is divided in 13 units, with articles to read and culture insights placed every 3~4 units to provide opportunities to raise the students' understanding skills and increase their indirect exposure to Korean culture.

단원 구성 Structure of a unit

문법 1: 준비 | 연습 1 | 연습 2 | 연습 3

문법 2: 준비 | 연습 1 | 연습 2 | 연습 3

대화 1

대화 2

해 봅시다

문법 설명 | 어휘

문법 1, 2 Grammar 1, 2

해당 단원의 목표가 되는 문법을 제시하였다.

Presentation of the two grammatical structures studied in the unit

준비 Preparation

해당 목표 문법을 이용한 기본 대화를 제시하여 목표 문법의 의미를 쉽게 이해할 수 있도록 하였다.

Basic dialogue applying the grammatical structure, to help understand its meaning

연습 1 Exercise 1

해당 목표 문법의 형태를 연습할 수 있도록 구성하였다.

Exercise designed to practice the grammatical structure

연습 2 Exercise 2

질문하고 대답하는 연습으로 해당 목표 문법을 익힐 수 있도록 구성하였다.

Exercise designed to learn the grammatical structure with questions and answers

연습 3 Exercise 3

해당 목표 문법을 활용하여 자유롭게 이야기할 수 있도록 구성하였다.

Exercise designed to promote free speech using the grammatical structure

대화 1, 2 Conversation 1, 2

앞에서 다룬 문법을 활용하여 주제가 있는 대화를 할 수 있도록 구성하였다. 대화 1은 문법 1에서 다룬 내용을, 대화 2는 문법 2에서 다룬 내용을 각각 반영하여 구성하였다.

Conversations around themes using the grammatical structures / Conversation 1 practices Grammar 1 and Conversation 2 practices Grammar 2.

해 봅시다 Activities

해당 단원에서 다룬 내용을 활용하여 언어적 기능 수행을 위한 다양한 과제 활동을 제시하였다.

A variety of tasks and activities to put the grammatical structures in practice

문법 설명 Explanation

해당 단원의 문법이나 표현과 관련된 설명을 덧붙여서 학습자들의 이해를 돕도록 하였다.

Explanation of the grammatical structures to help learners understand

어휘와 표현 New words and expressions

해당 단원에서 등장한 새 어휘와 표현을 제시하였다.

Introduction of new vocabulary and terms

01과 어느 나라 사람이에요?

문법 1 저는 ~이에요/예요

중국 사람이에요?

네, 저는 중국 사람이에요.

연습 1 그림을 보고 다음과 같이 말해 봅시다.
Look at the pictures and talk about them, following the example below.

저는 왕쯔이예요.

1. 왕쯔이 2. 압둘라 3. 장핑 4. 제프리 5. 지훈 6. 마키

24

01과 어느 나라 사람이에요?

연습 2 그림을 보고 다음과 같이 묻고 대답해 봅시다.
Look at the pictures and practice asking and answering questions, following the example below.

가 학생이에요?
나 네, 학생이에요.

1. 학생 2. 선생님 3. 운동선수 4. 간호사 5. 경찰관

연습 3 다음과 같이 친구들의 국적을 묻고 대답해 봅시다.
Ask others about their nationality and respond accordingly, following the example below.

가 어느 나라 사람이에요?
나 저는 한국 사람이에요. 이리나 씨는요?
가 저는 러시아 사람이에요.

한국 러시아 미국 캐나다 사우디아라비아 태국

25

교재 사용법 How to use this textbook

이 교재는 학습 상황에 따라 다음과 같이 탄력적으로 사용할 수 있다.
This textbook can be used in various ways depeding on the structure of the class.

유형 1 Option 1

1차시(75분) 1st period (75 minutes)	2차시(75분) 2nd period (75 minutes)
문법 1 – 대화 1 Grammar 1 – Conversation 1	문법 2 – 대화 2 – 해 봅시다 Grammar 2 – Conversation 2 – Activities

유형 2 Option 2

1차시(50분) 1st period (50 minutes)	2차시(50분) 2nd period (50 minutes)	3차시(50분) 3rd period (50 minutes)
문법 1 Grammar 1	문법 2 Grammar 2	대화 1 – 대화 2 – 해 봅시다 Conversations 1 & 2 – Activities

왕쯔이 (중국) 장핑 (중국) 간토야 (몽골) 바트 (몽골) 마키 (일본) 카오루 (일본)

Characters

등장인물

압둘라 (사우디) | 이리나 (러시아) | 알렉세이 (러시아) | 투이 (베트남) | 제프리 (미국) | 이지훈 (한국) | 김윤아 (한국)

한글 Hangeul

한글 1 / 한글 2 / 한글 3

ㄱ ㄷ ㅁ

ㅏ ㅅ ㅗ

ㅇ ㅣ ㅎ

한글 소개 Introduction to Hangeul

Who invented Hangeul? How was it invented?

Hangeul was invented by King Sejong in 1443. It was originally called "Hunminjeongeum," "the correct sounds for instruction for the common people."

The consonant characters were designed to resemble the shapes of the mouth, tongue, and throat when the consonants are pronounced: ㄱ was inspired by the shape of the back of the tongue touching the soft palate [the back of the roof of the mouth]; ㄴ, the tongue touching the gum ridge; ㅁ, the shape of the lips; ㅅ, a tooth; and ㅇ, the throat. Adding a stroke to these consonants, the characters 'ㅋ ㄷ ㅌ ㅂ ㅍ ㅈ ㅊ ㅎ' were designed; and further, lining double consonants in a row, 'ㄲ, ㄸ, ㅃ, ㅆ' were designed.

The vowels were designed with combinations of three basic elements consisting of: ·, which represents the roundness of the sky; ㅡ, the flatness of the land; and ㅣ, the figure of a person standing. Hangeul consists of 19 consonants and 21 vowels.

In what stroke order do we write Hangeul?

First, Hangeul should be written from left to right.

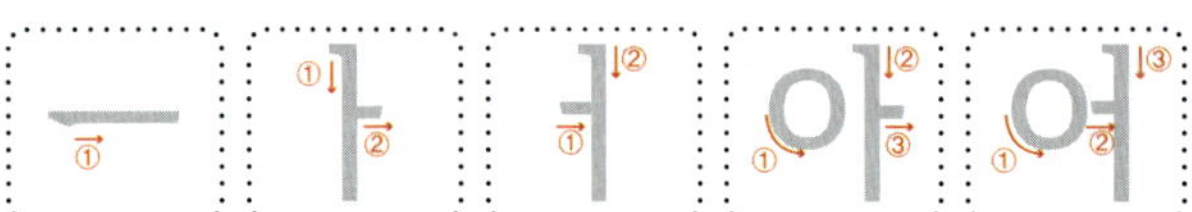

Second, Hangeul should be written from top to bottom.

How are Korean syllables constructed?

Korean syllables are constructed in the following ways:

First, a Korean syllable can be constructed with just a vowel(a simple vowel or a diphthong). However, when constructing a syllable with just a vowel, it is not written as 'ㅏ, ㅓ, ㅗ, ㅜ, ㅡ, ㅣ,' but as '아, 어, 오, 우, 으, 이' by including the consonant ㅇ, which does not have a sound value. We write 'ㅇ' on the left of 'ㅏ, ㅓ, ㅣ' and above 'ㅗ, ㅜ, ㅡ.'

Second, a Korean syllable can be constructed as the combination of a consonant and a vowel(C+V). In this case, the vowel is written to the right or below the syllable's initial consonant.

예) 가, 수, 과

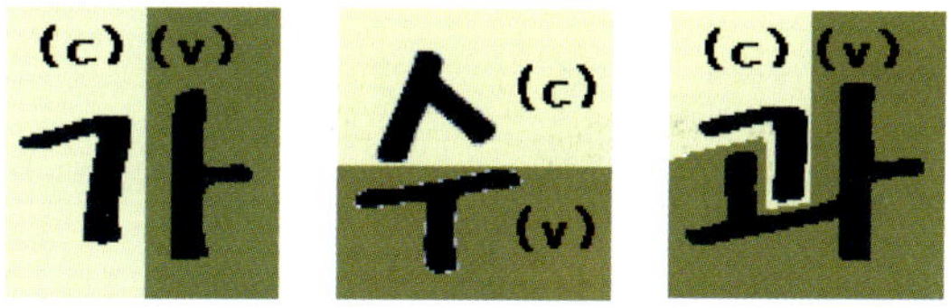

Third, a Korean syllable can be constructed as the combination of a vowel and a consonant(V+C). In this case, the consonant ㅇ, which does not have a sound value, occupies the initial position, followed by the vowel, after which the consonant is added below the vowel. The syllable's final consonant is called a *Batchim.*

예) 악, 알, 옥

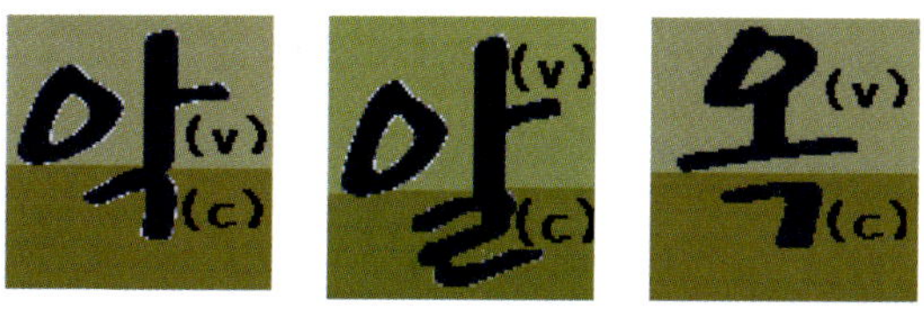

Fourth, a Korean syllable can be constructed as the combination of a consonant, a vowel, and a consonant(C+V+C). To the right or below the syllable's initial consonant, write the vowel, and below the vowel, the consonant is added. Similar to the third construction above, the syllable's final consonant is called a *Batchim.*

예) 각, 술, 곽

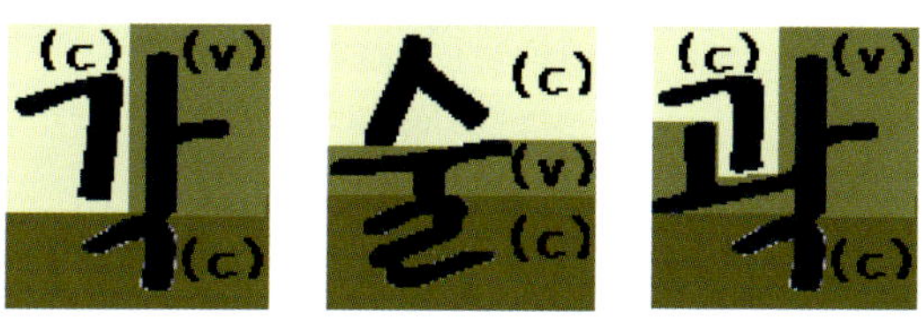

한국어의 기본 문장 구조
The basic sentence structure of Korean

The basic Korean sentence is constructed as "subject + predicate" or "subject + object + predicate."

▶ 주어(subject) + 서술어(predicate) : 윤아가 자요.

▶ 주어(subject) + 목적어(object)+ 서술어(predicate) : 윤아가 밥을 먹습니다.

The subject and the object are marked by '이/가' and '을/를' after a nominal respectively.

▶ 주어(subject) : 윤아 + 가 (subject particle)   ▶ 목적어(object) : 밥 + 을 (object particle)

The predicate can be a verb, an adjective or a copula, which consists of a stem and an ending. The ending of a predicate can be conjugated into different forms.

▶ 서술어(predicate)

자 (verb stem) + 요 (sentence ending)   먹 (verb stem) + 습니다 (sentence ending)

✓ 〈보기〉와 같이 한국어 문장을 만들어 봅시다. Make Korean sentences, following the example below.

| 보기 |

먹어요(eats), 빵을(a loaf of bread), 윤아가(Yuna)

→ 윤아가 빵을 먹어요.

1. 공부해요(studies), 윤아가(Yuna)

→ ....

2. 운동해요(exercises), 윤아가(Yuna)

→ ....

3. 윤아가(Yuna), 읽어요(reads), 책을(a book)

→ ....

한글 1

모음(1) ㅏ ㅓ ㅗ ㅜ ㅡ ㅣ

준비 들어 봅시다. Let's listen. 1

이 2

오 5

오이 

아우 

연습 1 읽고 써 봅시다. Let's read and write. 2

아 어 오 우 으 이

이 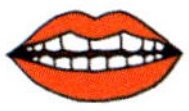

으 

우 

어 

오 

아 

연습 2 듣고 맞는 것을 찾아봅시다. Listen and find the syllables you hear. 3

1) ① 아 ② 어

2) ① 우 ② 오

3) ① 으 ② 이

4) ① 아이 ② 오이

5) ① 아이 ② 아우

자음(1) ㄱ ㄴ ㅁ ㅅ ㅇ

준비 들어 봅시다. Let's listen. 4

누나  나무  아기  소 

연습 1 읽고 써 봅시다. Let's read and write.

	ㅏ	ㅓ	ㅗ	ㅜ	ㅡ	ㅣ
ㄱ	가	거	고	구	그	기
ㄴ	나	너	노	누	느	니
ㅁ	마	머	모	무	므	미
ㅅ	사	서	소	수	스	시
ㅇ	아	어	오	우	으	이

The consonant 'ㅇ' does not have a sound value at the syllable's initial position.

연습 2

단어를 읽어 봅시다. Let's read the words. 5

가구	거기	거미	고기	고구마
누나	누구	나이	모기	미소
사이	수고	아기	아마	어느

연습 3

듣고 맞는 것을 찾아봅시다. Listen and find the syllables you hear. 6

1) ① 가 ② 마
2) ① 소 ② 고
3) ① 누 ② 구
4) ① 고기 ② 모기
5) ① 시소 ② 미소
6) ① 사이 ② 나이

연습 4

듣고 단어를 완성해 봅시다. Listen and complete the words. 7

미 소

1) 거 ㅣ
2) ㅣ 소
3) ㅜ 이
4) 이 ㅏ
5) ㅜ 구

모음(2) ㅑ ㅕ ㅛ ㅠ

준비 들어 봅시다. Let's listen.

8

우유 

요가 

이야기 

여우 

연습 1 읽고 써 봅시다. Let's read and write.

	ㅑ	ㅕ	ㅛ	ㅠ
ㅇ	야	여	요	유
ㄱ	갸	겨	교	규
ㄴ	냐	녀	뇨	뉴
ㅁ	먀	며	묘	뮤
ㅅ	샤	셔	쇼	슈

연습 2

단어를 읽어 봅시다. Let's read the words. 9

우유	이유	야구	여유	요가	요리
겨우	교사	모녀	뉴스	며느리	마셔요

연습 3

듣고 맞는 것을 찾아봅시다. Listen and find the syllables you hear. 10

1) ① 여 ② 야
2) ① 뇨 ② 뉴
3) ① 쇼 ② 셔
4) ① 거 ② 겨
5) ① 교수 ② 규수
6) ① 모기 ② 묘기

연습 4

듣고 단어를 완성해 봅시다. Listen and complete the words. 11

우유

1) ㄱ 사
2) ㅇ 리
3) ㄴ 스
4) ㅇ 구

해 봅시다!

듣고 맞는 카드를 찾아봅시다. Listen and find the matching cards. 12

가 거 고 구 그 기
마 머 모 무 므 미
아 어 오 우 으 이

나 너 노 누 느 니
사 서 소 수 스 시
야 여 요 유

잘 듣고 다음과 같이 표시해 봅시다. 13

Listen carefully and mark as shown in the example.

아이	누구	가구	요가
누나	아기	나무	미소
묘기	사이	뉴스	거기
겨우	요리	아우	고기
무시	고모	누가	교수

한글 2

자음(2) ㄷ ㄹ ㅂ ㅈ ㅎ

준비 들어 봅시다. Let's listen. 14

다리 
비누 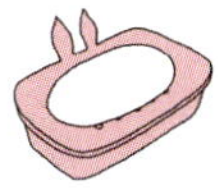
허리 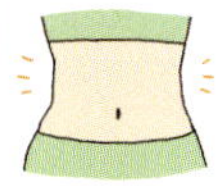
모자 

연습 1 읽고 써 봅시다. Let's read and write.

	ㅏ	ㅓ	ㅗ	ㅜ	ㅡ	ㅣ
ㄷ	다	더	도	두	드	디
ㄹ	라	러	로	루	르	리
ㅂ	바	버	보	부	브	비
ㅈ	자	저	조	주	즈	지
ㅎ	하	허	호	후	흐	히

연습 2

단어를 읽어 봅시다. Let's read the words. 15

다리	도로	구두	라디오	러시아	나라	다리미
바지	부모	부자	비누	나비	주스	지도
모자	아주	하마	허리	호주	오후	휴지

연습 3

듣고 맞는 것을 찾아봅시다. Listen and find the syllables you hear. 16

1) ① 다 ② 라
2) ① 러 ② 버
3) ① 지 ② 시
4) ① 보리 ② 소리
5) ① 허리 ② 저리
6) ① 자루 ② 자주

연습 4

듣고 단어를 완성해 봅시다. Listen and complete the words. 17

다 리

1) ㅣ 구
2) 오 ㅣ
3) ㅏ 마
4) ㅗ 로
5) ㅏ 지

자음(3) ㅊ ㅋ ㅌ ㅍ

준비 들어 봅시다. Let's listen.

18

파 

차 

토마토 

연습 1 읽고 써 봅시다. Let's read and write.

	ㅏ	ㅓ	ㅗ	ㅜ	ㅡ	ㅣ
ㅊ	차	처	초	추	츠	치
ㅋ	카	커	코	쿠	크	키
ㅌ	타	터	토	투	트	티
ㅍ	파	퍼	포	푸	프	피

연습 2

단어를 읽어 봅시다. Let's read the words. 19

커피	쿠키	조카	커요	타조
터키	토스트	토마토	파리	포도
피리	우표	치마	치즈	고추

연습 3

듣고 맞는 것을 찾아봅시다. Listen and find the syllables you hear. 20

1) ① 자요 ② 차요

2) ① 기타 ② 기차

3) ① 포도 ② 보도

4) ① 구기 ② 쿠키

연습 4

듣고 단어를 완성해 봅시다. Listen and complete the words. 21

파

1) ㅏ 조

2) ㅣ 마

3) ㅓ 피

4) ㅣ

자음(4) ㄲ ㄸ ㅃ ㅆ ㅉ

준비 들어 봅시다. Let's listen. 22

씨 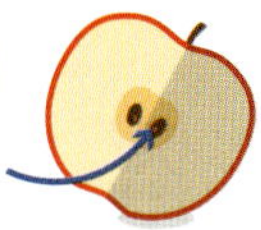

토끼 

아빠 

연습 1 읽어 봅시다. Let's read.

가 카 까 다 타 따 바 파 빠

사 싸 자 차 짜

연습 2 단어를 읽어 봅시다. Let's read the words. 23

코끼리 머리띠 오빠 아저씨

가치 : 까치 도끼 : 토끼 자리 : 짜리

사요 : 싸요 자요 : 짜요 : 차요 비어요 : 피어요 : 삐어요

연습 3 듣고 맞는 것을 찾아봅시다. Listen and find the syllables you hear. 24

1) ① 가치 ② 까지 2) ① 따요 ② 타요

3) ① 짜요 ② 차요 4) ① 져요 ② 쪄요

연습 4 듣고 단어를 완성해 봅시다. Listen and complete the words. 25

까치

1) ㅗ 리 2) 비 ㅏ요

3) 바 ㅏ요 4) ㅏ요 5) ㅣ

해 봅시다!

듣고 맞는 카드를 찾아봅시다. Listen and find the matching cards.

26

겨 규 교 기 다 도 두 드 라 루 러 리

마 며 묘 미 바 보 부 비 시 소 수 셔

아 우 여 요 자 조 주 지 차 초 추 처

카 커 키 쿄 터 토 투 티 파 포 퍼 피

하 호 후 허

남자가 여자를 만나러 갑니다. 잘 듣고 길을 찾아가세요.

A man is on his way to meet a woman. Listen carefully and find the right direction.

27

한글 3 모음(3) ㅐ ㅔ ㅒ ㅖ ㅘ ㅝ ㅚ ㅙ ㅞ ㅟ ㅢ

준비 들어 봅시다. Let's listen.

28

개 

귀 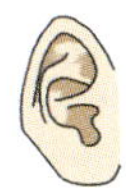

사과 

의자 

연습 1 읽어 봅시다. Let's read.

애 에 얘 예 와 워 외 왜 웨 위 의

연습 2 단어를 읽어 봅시다. Let's read the words.

29

아래 배우	얘기	사과	뭐	외가 돼지	뒤 가위	의사
채소 베개	시계	봐요	샤워	웨이터	쥐 쉬어요	의자

연습 3 들은 단어 카드를 찾아봅시다. Listen and find the matching cards.

30

개	회	가위	베개	시계	돼지
과자	샤워	개미	의자	웨이터	얘기

In principle, when comparing the pronunciation for 'ㅔ' and 'ㅐ,' the pronunciation for 'ㅐ' involves a slightly wider opening of the mouth. However, Korean youth commonly pronounce both vowels in a similar way. The original pronunciation of 'ㅖ' is pronouncing the combination of 'ㅣ' and 'ㅔ' quickly, but it is often pronounced like /ㅔ/ when pronounced with a consonant. In principle, the pronunciation of 'ㅚ' is /ö/, but many Korean speakers tend to pronounce 'ㅚ', 'ㅙ' and 'ㅞ' as /we/.

받침(1)

준비 들어 봅시다. Let's listen. 31

약 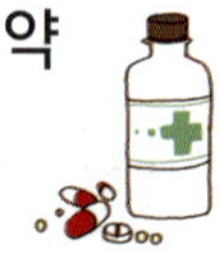 눈  달  밤  입  공 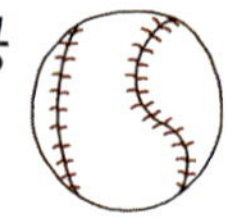

연습 1 읽어 봅시다. Let's read.

받침	소리	단어
ㄱ ㅋ ㄲ	[ㄱ]	각 부엌 밖
ㄴ	[ㄴ]	산 눈
ㄷ ㅌ ㅅ ㅈ ㅊ ㅎ	[ㄷ]	곧 밑 낫 낮 낯 히읗
ㄹ	[ㄹ]	달 서울
ㅁ	[ㅁ]	봄 김치
ㅂ ㅍ	[ㅂ]	밥 잎
ㅇ	[ㅇ]	공 방 항상

연습 2 단어를 읽어 봅시다. Let's read the words. 32

수박	멕시코	부엌	돈	언니	곧	밑	몇
발	가을	김치	엄마	집	무릎	몽골	프랑스
밖에	부산에	받아요	옷이	서울에	사람이	앞에	가방에

연습 3 듣고 맞는 것을 찾아봅시다. Listen and find the syllables you hear. 33

1) ① 봄 ② 북
2) ① 낮 ② 남
3) ① 발 ② 밥
4) ① 속 ② 솜
5) ① 덥다 ② 덜다
6) ① 숨 ② 숲

받침(2)

준비 들어 봅시다. Let's listen.

34

앉아요 

읽습니다 

여덟 

연습 1 읽어 봅시다. Let's read.

받침	소리	단어
ㄲ ㄳ ㄺ	[ㄱ]	밖 몫 흙
ㄵ ㄶ	[ㄴ]	앉다 않다
ㅆ	[ㄷ]	있다
ㄽ ㅀ ㄼ ㄾ	[ㄹ]	외곬 잃다 여덟 핥다
ㄻ	[ㅁ]	젊다
ㄼ ㄿ ㅄ	[ㅂ]	밟다 읊다 없다

연습 2 단어를 읽어 봅시다. Let's read the words.

35

몫	몫이	앉다	앉아요	많다	많아요
읽다	읽어요	젊다	젊어요	밟다	밟아요
핥다	핥아요	잃다	잃어요	없다	없어요

해 봅시다!

● 잘 듣고 들은 단어들을 연결해 봅시다. 36

Listen carefully and draw a line between the words you hear.

개나리	개미	새우	노래	아래
배우	채소	가게	어제	베개
얘기	시계	과자	사과	배
샤워	쇠고기	회	쥐	새
돼지	웨이터	의자	의미	주의

● 들은 것을 어항에서 꺼내어 접시 위에 놓으세요. 37

Find what you heard, take it out of the fish tank, and place it on the plate.

1. 수박

2.

3.

4.

5.

6.

7.

8.

한글 정답

모음(1) 2. 1) ① 아 2) ② 오 3) ① 으 4) ② 오이 5) ② 아우

자음(1) 3. 1) ① 가 2) ① 소 3) ② 구 4) ② 모기 5) ① 시소 6) ② 나이
4. 1) 거미 2) 시소 3) 누이 4) 이마 5) 누구

모음(2) 3. 1) ① 여 2) ② 뉴 3) ② 셔 4) ① 거 5) ① 교수 6) ① 모기
4. 1) 교사 2) 유리 3) 뉴스 4) 야구

해 봅시다	1. 우유 모기 시소 어머니 고기 고구마 이야기 누나 사이 누구 이모
	2. 아이 아우 겨우 거기 가구 나무 누가 누나 뉴스 묘기 요리

자음(2) 3. 1) ② 라 2) ② 버 3) ① 지 4) ① 보리 5) ① 허리 6) ② 자주
4. 1) 지구 2) 오리 3) 하마 4) 도로 5) 바지

자음(3) 3. 1) ② 차요 2) ① 기타 3) ② 보도 4) ② 쿠키
4. 1) 타조 2) 치마 3) 커피 4) 피

자음(4) 3. 1) ② 까지 2) ② 타요 3) ② 차요 4) ② 쪄요
4. 1) 꼬리 2) 비싸요 3) 바빠요 4) 짜요 5) 씨

해 봅시다	1. 호두 겨우 다리 바지 여자 마루 보라 커피 부자 요리 터키 지하 후추 카드
	2. 두루 – 포도 – 머리 – 주스 – 벼 – 차도 – 피리 – 고기

모음(3) 3. 회, 돼지, 샤워, 가위, 시계, 과자, 의자

받침(1) 3. 1) ① 봄 2) ① 낮 3) ② 밥 4) ① 속 5) ② 덜다 6) ② 숲

해 봅시다	1. 개미 – 채소 – 얘기 – 쇠고기 – 웨이터 – 회 – 쥐 – 사과 – 아래 – 가게 – 개미
	2. 수박 2. 밤 3. 귤 4. 참외 5. 김치 6. 레몬 7. 사과 8. 콩

문화
Culture

한글 Hangeul

ㄱ 기역 ㄴ 니은 ㄷ 디귿 ㄹ 리을

ㅁ 미음 ㅂ 비읍 ㅅ 시옷 ㅇ 이응 ㅈ 지읒

ㅊ 치읓 ㅋ 키읔 ㅌ 티읕 ㅍ 피읖 ㅎ 히읗

'Hangeul' (Korean characters) was originally called 'Hunminjeongeum.' The literal meaning for 'Hunminjeongeum' is 'the correct sounds for instruction for the common people.' In the past, the Korean language did not have a corresponding native writing system, so the Koreans had used 'hanja'(Chinese characters). However, learning hanja was not easy, due to the large number of characters, each of which has its own meaning. In addition, it was difficult to construct sentences with hanja using the Chinese grammatical system, as it differs greatly from Korean grammar. As a result, the common people had difficulty expressing themselves in writing; they did not have much opportunity to learn hanja, as it was complicated to learn and was not compatible with their native spoken language. During his reign, King Sejong, who understood the people's situation, developed 'Hunminjeongeum' as a way for his people to learn how to read and write more easily. As the shapes of the Hangeul consonants were based on the shapes of the mouth, tongue, and throat when spoken, the invention of Hangeul made it easy for the common Korean people to learn to read and write. For this reason, the literacy rate in Korea today is very high.

Let's practice

- **한글 자음의 이름을 읽어 봅시다.**
  Read the names of Hangeul consonants.
- **친구의 이름과 나라를 한글로 써 봅시다.**
  In Hangeul, write your friends' names and the names of the countries they are from.
- **가족의 이름을 한글로 써 봅시다.**
  Write your family members' names in Hangeul.

01과

어느 나라 사람이에요?

01과 어느 나라 사람이에요?

문법 1 저는 ~이에요/예요

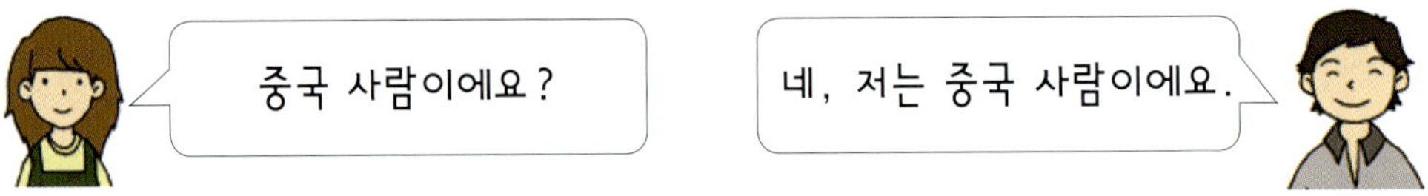

연습 1 그림을 보고 다음과 같이 말해 봅시다.

Look at the pictures and talk about them, following the example below.

저는 왕쯔이예요.

1. 왕쯔이

2. 압둘라

3. 장핑

4. 제프리

5. 지훈

6. 마키

연습 2

그림을 보고 다음과 같이 묻고 대답해 봅시다.
Look at the pictures and practice asking and answering questions, following the example below.

가 학생이에요?
나 네, 학생이에요.

1. 학생

2. 선생님

3. 운동선수

4. 간호사

5. 경찰관

연습 3

다음과 같이 친구들의 국적을 묻고 대답해 봅시다.
Ask others about their nationality and respond accordingly, following the example below.

가 어느 나라 사람이에요?
나 저는 한국 사람이에요. 이리나 씨는요?
가 저는 러시아 사람이에요.

한국

러시아

미국

캐나다

사우디아라비아

중국

문법 2 이/가 아니에요

연습 1 그림을 보고 다음과 같이 말해 봅시다.

Look at the pictures and talk about them, following the example below.

일본 사람이 아니에요.

1. 일본 사람×

2. 미국 사람×

3. 운동선수×

4. 선생님×

5. 간호사×

6. 회사원×

연습 2

그림을 보고 다음과 같이 묻고 대답해 봅시다.
Look at the pictures and practice asking and answering questions, following the example below.

가 학생이에요?
나 아니요, 학생이 아니에요. 선생님이에요.

1. 학생 / 선생님

2. 회사원 / 운동선수

3. 간호사 / 경찰관

4. 선생님 / 요리사

5. 경찰관 / 회사원

연습 3

다음과 같이 교실 친구들과 나라, 직업을 소개해 봅시다.
Introduce yourselves to your classmates by country, and occupation, following the example below.

가 제프리 씨, 어느 나라 사람이에요?
나 저는 미국 사람이에요. 마키 씨는요?
가 저는 일본 사람이에요. 제프리 씨는 회사원이에요?
나 아니요, 회사원이 아니에요. 학생이에요.

이름	제프리	....	....
나라	미국		
직업	학생		

대화 1

38

이리나	안녕하세요? 저는 이리나예요.
장핑	안녕하세요? 저는 장핑이에요.
이리나	장핑 씨는 중국 사람이에요?
장핑	네, 중국 사람이에요. 이리나 씨는요?
이리나	저는 러시아 사람이에요.

확인해 봅시다. Let's check.

- □ 장핑 씨는 어느 나라 사람이에요?
- □ 이리나 씨는 러시아 사람이에요?

다음 표현을 사용해서 위와 같이 말해 봅시다.

Using the expressions below, have a conversation, following the above example.

이리나	장핑	중국 사람	러시아 사람
간토야	지훈	한국 사람	몽골 사람
투이	제프리	미국 사람	베트남 사람
왕쯔이	마키	일본 사람	중국 사람

대화 2

39

알렉세이	저는 알렉세이예요. 이름이 뭐예요?
투이	저는 투이예요.
알렉세이	투이 씨는 학생이에요?
투이	아니요, 학생이 아니에요. 회사원이에요.
알렉세이	저는 학생이에요. 만나서 반가워요.

확인해 봅시다. Let's check.

□ 알렉세이 씨는 학생이에요?

□ 투이 씨는 학생이에요?

친구들과 함께 위와 같이 말해 봅시다.
Let's talk with friends as above.

해 봅시다!

여러분은 유명인의 생일 파티에 왔습니다. 유명인의 이름, 국적, 직업을 카드에 쓰고, 그 사람이 되어 자기를 소개해 봅시다.

You came to a celebrity's birthday party. Write the name, nationality, and occupation of a celebrity on a card. Pretend to be him/her and introduce yourselves.

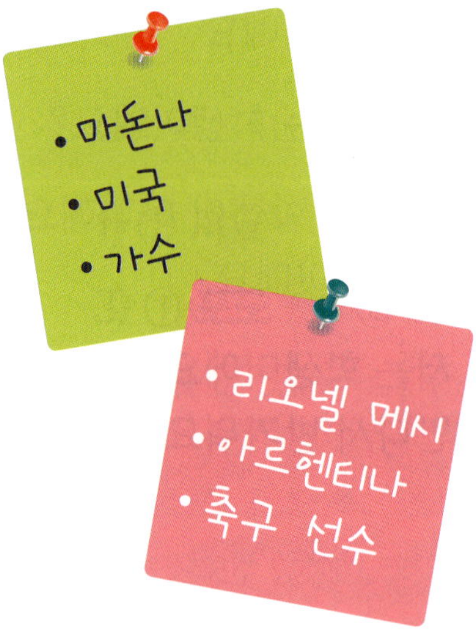

문법 설명

저는 ~이에요/예요

Attached after a noun to indicate property, state or classification of oneself. Unlike '입니다', '이에요/예요' is used in an unofficial situation. If the last syllable of the noun has the syllable final consonant, '이에요' should be used. If there is no syllable final consonant, '예요' should be used.

- **저는** 이리나**예요.**
- **저는** 러시아 사람**이에요.**

이/가 아니에요

Negative form of '이에요/예요'.

- 중국 사람**이 아니에요.** 한국 사람이에요.
- 의사**가 아니에요.** 간호사예요.

이/가

Attached after a noun to indicate that the noun is the agent or experiencer of an action. If the last syllable of the noun ends with a vowel, '가' is used, but if the last syllable of the noun ends with a consonant, '이' is used.

- 일본 사람**이 아니에요.**
- 운동선수**가 아니에요.**

어휘와 표현

어느	선생님	미국	회사원	가수
나라	운동선수	캐나다	직업	축구
사람	간호사	사우디아라비아	몽골	
저	경찰관	태국	베트남	안녕하세요
중국	한국	일본	이름	만나서 반가워요
학생	러시아	요리사	뭐	

MEMO

02과

그게 뭐예요?

02과 그게 뭐예요?

문법 1 사물 명사

연필이에요?

아니요, 지우개예요.

연습 1

그림을 보고 물건의 이름을 알아봅시다.

Let's look at the picture and learn the names of these objects.

1. 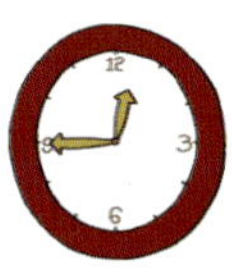 시계

2. 

3. 

4. 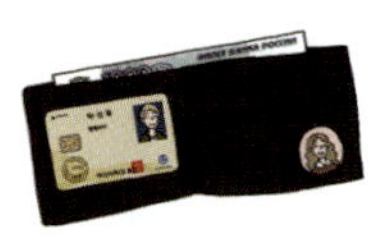

5. 

6. 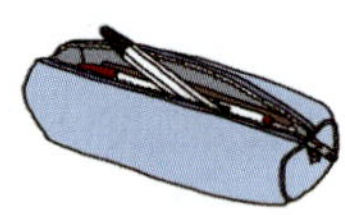

7. 

8. 

9. 

10. 

11. 

12. 

연습 2

그림을 보고 다음과 같이 말해 봅시다.

Look at the pictures and talk about them, following the example below.

> 책이에요.

1. 책

2. 지우개

3. 가방

4. 카메라

5. 지갑

6. 핸드폰

연습 3

그림을 보고 다음과 같이 묻고 대답해 봅시다.

Look at the pictures and practice asking and answering questions, following the example below.

> 가 책이에요?
> 나 아니요, 공책이에요.

1. 책 / 공책

2. 필통 / 지갑

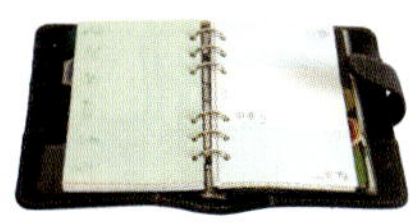

3. 공책 / 수첩

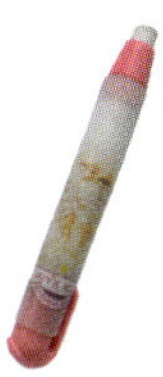

4. 볼펜 / 지우개

5. 연필 / 볼펜

문법 2 이/그/저

연습 1 그림을 보고 다음과 같이 말해 봅시다.

Look at the pictures and talk about them, following the example below.

이게 의자예요.

1. 이 / 의자

2. 이 / 시계

3. 그 / 책

4. 그 / 휴지통

5. 저 / 에어컨

6. 저 / 지도

연습 2

교실의 물건을 가지고 다음과 같이 묻고 대답해 봅시다.

Have a conversation with a classmate, asking and answering questions about objects found in the classroom, following the example below.

이리나 저게 뭐예요?
바트 시계예요.

연습 3

친구들의 물건을 가지고 묻고 대답해 봅시다.

Have a conversation with a classmate about his/her objects, following the example below.

가 그게 뭐예요?
나 필통이에요.
가 누구 필통이에요?
나 제 필통이에요.

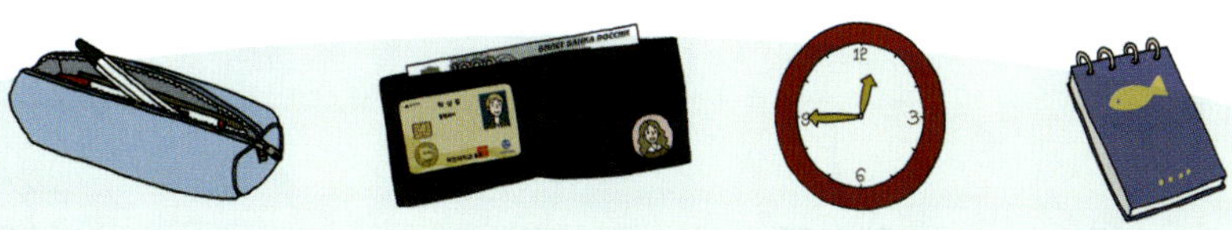

대화 1

40

알렉세이	그게 뭐예요?
카오루	생일 선물이에요.
알렉세이	누구 생일이에요?
카오루	마키 씨 생일이에요.
알렉세이	선물이 뭐예요?
카오루	지갑이에요.

확인해 봅시다. Let's check.

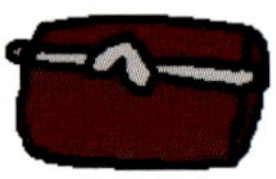

- ☐ 이게 뭐예요?
- ☐ 이게 누구 생일 선물이에요?

다음 표현을 사용해서 위와 같이 대화를 만들어 봅시다.

Using the expressions below, have a conversation, following the above example.

그것	그것	저것	그것	이것	저것
마키	제프리	카오루	압둘라	간토야	지훈
지갑	핸드폰	가방	책	화장품	컵

대화 2

41

압둘라	그게 뭐예요?
투이	한국어 책이에요.
압둘라	투이 씨 책이에요?
투이	아니요, 제 책이 아니에요.
압둘라	그럼 누구 책이에요?
투이	친구 거예요.

확인해 봅시다. Let's check.

□ 이게 뭐예요?

□ 이게 누구 책이에요?

친구들과 함께 위와 같이 말해 봅시다.

Let's talk with friends as above.

해 봅시다!

자기 가방 속에 있는 물건 3개를 준비한 가방에 다른 사람이 모르게 넣습니다. 모인 물건을 하나씩 꺼내서 다음과 같이 묻고 대답해 봅시다.

Take three of your belongings from your own bag and put them in the prepared bag. You should not let others see what they are. Take out these objects, and have a conversation, asking and answering questions about them, following the example below.

이게 뭐예요?

책이에요.

마키 씨 책이에요?

아니요, 제 책이 아니에요.

그럼 알렉세이 씨 책이에요?

네, 맞아요.

문법 설명

이 / 그 / 저

'이/그/저' are used before a noun to modify it. '이' is used to refer to something near the speaker, '그' is used to refer to something close to the listener, and '저' is used to refer to something far away from both the speaker and the listener.

- **이**게 시계예요.
- **그**게 뭐예요?
- **저**게 한국어 책이에요.

어휘와 표현

연필	의자	공책	저것	생일
지우개	필통	카메라	휴지통	선물
시계	칠판	핸드폰	에어컨	화장품
책	볼펜	수첩	지도	컵
책상	안경	이것	누구	거
지갑	가방	그것	제	

MEMO

03과

어디에 있어요?

03과

03과 어디에 있어요?

문법 1 이/가 있다/없다

연습 1

그림을 보고 다음과 같이 말해 봅시다.
Look at the pictures and talk about them, following the example below.

1. 책 — 책이 있어요.
2. 핸드폰 — 핸드폰이 없어요.
3. 라디오 ……………………
4. 가방 ……………………
5. 책상 ……………………
6. 의자 ……………………
7. 휴지통 ……………………

연습 2

다음과 같이 말해 봅시다. Let's speak, following the example below.

가 .... 씨, 연필이 있어요?
나 아니요, 없어요.
가 그럼 볼펜은 있어요?
나 네, 있어요.

1. 연필 / 볼펜
2. 카메라 / 핸드폰
3. 교통카드 / 돈
4. 학생증 / 외국인등록증
5. 가위 / 칼
6. 물티슈 / 휴지

연습 3

친구가 어떤 물건을 가지고 있어요? 다음과 같은 물건이 있는지 물어봅시다.
What objects does your partner have? Practice asking and answering questions about these objects.

책 | 볼펜 | 수첩 | 연필 | 공책 | 지우개
핸드폰 | 과자 | 시계 | 칼 | 가위 | 학생증
여자(남자) 친구 사진 | 카드 | 가족사진 | 한국 돈

문법 2 에[1]

연습 1

다음과 같이 말해 봅시다. Let's speak, following the example below.

가방에 책이 있어요.

1. 가방 / 책
2. 지갑 / 돈
3. 교실 / 학생들
4. 교실 / 시계
5. 학교 / 커피숍
6. 운동장 / 학생

연습 2

다음과 같이 말해 봅시다. Let's speak, following the example below.

가 책이 어디에 있어요?
나 가방에 있어요.

1. 책 / 가방
2. 볼펜 / 필통
3. 숙제 / 기숙사
4. 학생증 / 지갑
5. 학생들 / 교실
6. 여자(남자) 친구 / 고향

연습 3

친구의 물건은 어디에 있어요? 다음과 같이 친구와 묻고 대답해 봅시다.

Where does your partner keep his or her things? Practice asking and answering questions about these object, following the example below.

책상에 책이 있어요?

네, 있어요.

책상에 볼펜이 있어요?

아니요, 없어요.

그럼 어디에 있어요?

가방에 있어요.

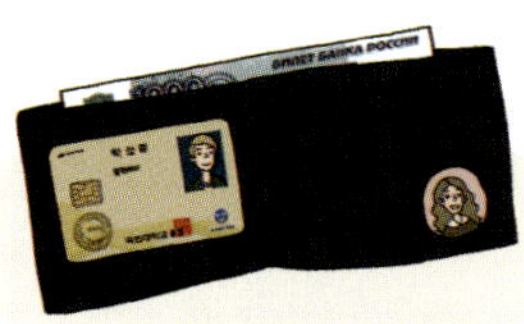

책 | 볼펜 | 수첩 | 연필 | 공책

핸드폰 | 지갑 | 시계 | 지우개 | 돈

학생증 | 여자(남자) 친구 사진 | 카드 | 가족사진

대화 1

42

압둘라	마키 씨, 볼펜이 있어요?
마키	아니요, 없어요.
압둘라	연필은 있어요?
마키	네, 여기 있어요.
압둘라	고마워요.

확인해 봅시다. Let's check.

☐ 마키 씨는 볼펜이 있어요?

☐ 마키 씨는 뭐가 있어요?

다음 표현을 사용해서 위와 같이 대화를 만들어 봅시다.
Using the expressions below, have a conversation, following the above example.

볼펜	풀	가위
연필	테이프	칼

대화 2

43

왕쯔이	간토야 씨가 어디에 있어요?
투이	교실에 있어요.
왕쯔이	이리나 씨는요?
투이	이리나 씨는 교실에 없어요.
왕쯔이	그럼 어디에 있어요?
투이	커피숍에 있어요.

확인해 봅시다. Let's check.

- ☐ 간토야 씨가 어디에 있어요?
- ☐ 커피숍에 누가 있어요?

친구들과 함께 위와 같이 이야기해 봅시다.
Let's talk with friends as above.

해 봅시다!

여러분은 친구와 서로 다른 그림을 가지고 있습니다. 그림을 보고 친구와 묻고 대답해 봅시다.

You and your partner have different pictures. Looking at the picture, practice asking and answering questions with your partner.

〈학생 A〉

이 사람이 어디에 있어요? 친구에게 물어봅시다.

Where are these people? Try formulating a question to ask your partner.

.... 씨가 어디에 있어요?

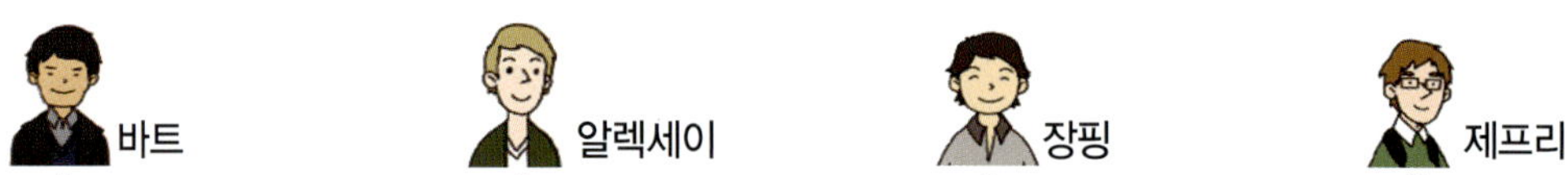

바트	알렉세이	장핑	제프리
서점			

그림을 보고 친구의 질문에 대답해 봅시다. Looking at the picture, try answering your partner's question.

〈학생 B〉

그림을 보고 친구의 질문에 대답해 봅시다. Looking at the picture, try answering your partner's question.

이 사람이 어디에 있어요? 친구에게 물어봅시다.
Where are these people? Try formulating a question to ask your partner.

.... 씨가 어디에 있어요?

이리나

교실

왕쯔이

간토야

투이

문법 설명

이/가 있다/없다

It indicates that someone or something is existing or is located. '이/가 있다' is used for indicating existence and '이/가 없다' is used for indicating non-existence of a person or a thing.

- 책**이 있어요.**
- 의자**가 없어요.**

에[1]

When the particle '에' is attached after a noun which denotes a place and is also used with '있다' or '없다', it indicates that the place being discussed is the location where someone or something is existing or is located.

- 가방**에** 책이 있어요.
- 학생들이 어디**에** 있어요?

어휘와 표현

어디	외국인등록증	들	풀
있다	가위	학교	테이프
없다	칼	커피숍	동전
라디오	물티슈	운동장	서점
교통	휴지	기숙사	
카드	가족	여자 친구	미안해요
돈	사진	남자 친구	여기 있어요
학생증	교실	고향	고마워요

읽기

1. 저는 요리사예요
2. 여기는 우리 교실이에요

읽기 1 저는 요리사예요

이 사람 이름이 뭐예요? 이 사람은 학생이에요?

Look at the business card displayed below and have a conversation with your partner. What is the person's name? Is the person a student?

J 병원

간호사
응웬 투이

읽어 봅시다. Let's read.

안녕하세요?
저는 장핑이에요.
중국 사람이에요.
저는 요리사예요.
만나서 반가워요.

KM 호텔

요리사 **장 핑**
이메일 : jping@km.org
전화번호 : 010-2452-1010

가. 읽고 이야기해 봅시다. Let's read and discuss.

1. 이 사람 이름이 뭐예요?
2. 어느 나라 사람이에요?

나. 윗글을 읽고 맞으면 ○, 틀리면 ×를 하세요.

Read the above text. If the following statement is correct, mark a circle. If it is incorrect, mark an X.

1. 장핑은 일본 사람이에요. (　　)
2. 장핑은 KM호텔 요리사예요. (　　)

다. ________에 주의하면서 듣고 따라 해 봅시다.
Paying careful attention to the underlined text, listen to the reading, and read along out loud.

44

1. 장핑이에요.
2. 중국 사람이에요.
3. 만나서 반가워요.

라. 장핑 씨가 이지훈 씨를 만났습니다. 어떻게 자기소개를 할까요? 앞의 글을 대화로 만들어 봅시다. Zhang Ping has just met Lee Ji Hoon. How should they introduce themselves? Have a conversation using the above text.

이지훈	안녕하세요? 저는 이지훈이에요.
장핑	안녕하세요? ....
이지훈	장핑 씨는 어느 나라 사람이에요?
장핑	저는 ....
이지훈	장핑 씨는 회사원이에요?
장핑	....

장핑처럼 명함을 만들고 자신을 소개하는 글을 써 봅시다.

Make a business card like Zhang Ping's and write a few statements introducing yourself.

______

이메일 : ______________

____

어휘와 표현

병원 호텔 이메일 전화번호

읽기 2 여기는 우리 교실이에요

우리 반 친구들은 어느 나라 사람이에요? What countries are your classmates from?

읽어 봅시다. Let's read.

여기는 우리 교실이에요.
이 사람이 압둘라 씨예요.
압둘라 씨는 사우디아라비아 사람이에요.
운동선수예요.
이 사람이 마키 씨예요.
마키 씨는 일본 사람이에요.
회사원이에요.
이 사람들은 모두 우리 반 친구예요.

가. 읽고 이야기해 봅시다. Let's read and discuss.

1. 압둘라 씨 직업이 뭐예요?
2. 누가 일본 사람이에요?

나. 윗글을 읽고 맞으면 ○, 틀리면 ×를 하세요.

Read the above text. If the following statement is correct, mark a circle. If it is incorrect, mark an X.

1. 여기는 교실이에요. ( )
2. 압둘라 씨는 제 친구예요. ( )
3. 마키 씨는 운동선수예요. ( )

다. ________에 주의하면서 듣고 따라 해 봅시다.

Paying careful attention to the underlined text, listen to the reading, and read along out loud.

45

1. 우리 교실이에요.
2. 이 사람이 마키 씨예요.
3. 회사원이에요.

라. 앞의 글을 대화로 만들어 봅시다. Practice having a conversation using the above text.

이름이 뭐예요?

....

어느 나라 사람이에요?

....

직업이 뭐예요?

....

.... ?

마키예요.

.... ?

일본 사람이에요.

.... ?

회사원이에요.

앞의 글과 같이 우리 반 친구들을 소개해 봅시다.

Following the example of the reading above, practice introducing your classmates.

어휘와 표현

여기 우리 모두 반

MEMO

04과

이 모자 얼마예요?

04과 이 모자 얼마예요?

문법 1 한자어 숫자

연습 1

다음과 같이 숫자를 읽어 봅시다. Practice reading the following numbers as in the example.

칠

1. 7
2. 4
3. 5
4. 12
5. 25
6. 37
7. 43
8. 879
9. 653
10. 1,090
11. 10,000
12. 35,000

연습 2

다음과 같이 묻고 대답해 봅시다.
Practice asking and answering questions, following the example below.

> 가 생일이 며칠이에요?
> 나 1월 27일이에요.

1. 생일 / 며칠 / 1월 27일
2. 시험 / 며칠 / 6월 13일
3. 기숙사 / 몇 층 / 7층
4. 한국어 교실 / 몇 층 / 2층
5. 전화번호 / 몇 번 / 010-3456-7890
6. 길음역 / 몇 호선 / 4호선

연습 3

다음과 같이 이야기해 봅시다.
Practice asking and answering questions, following the example below.

 카오루 씨, 생일이 며칠이에요?
 10월 3일이에요. 윤아 씨는요?
 7월 16일이에요.

생일	전화번호	우리 교실
________	________	________
기숙사	경복궁역	
________	________	________

문법 2 가격

연습 1 **그림을 보고 다음과 같이 말해 봅시다.**
Look at the pictures and talk about them, following the example below.

> 볼펜이 오백 원이에요.

1. 볼펜 500원

2. 과자 900원

3. 수건 2,000원

4. 컵 5,000원

5. 티셔츠 10,000원

6. 운동화 25,000원

연습 2

다음과 같이 묻고 대답해 봅시다.
Practice asking and answering questions, following the example below.

가 이 사과 얼마예요?
나 천 원이에요.

1. 사과 1,000원
2. 가방 37,000원
3. 티셔츠 29,990원
4. 시계 53,000원
5. 안경 128,000원
6. 코트 460,000원

연습 3

친구의 물건을 가지고 다음과 같이 이야기해 봅시다.
Practice asking and answering questions about your partner's objects, following the example below.

가 그 가방 얼마예요?
나 만 오천 원이에요.
가 그 바지는 얼마예요?
⋮

대화 1

46

알렉세이	간토야 씨, 생일이 며칠이에요?
간토야	4월 12일이에요.
알렉세이	그럼 내일이 생일이에요?
간토야	네, 맞아요.
알렉세이	생일 축하해요!
간토야	고마워요.

✓ 확인해 봅시다. Let's check.

□ 간토야 씨 생일이 언제예요?

□ 친구 생일에 뭐라고 말해요?

친구들과 함께 위와 같이 이야기해 봅시다.
Let's talk with friends as above.

대화 2

47

압둘라 이 모자 얼마예요?

점원 30,000원이에요.

압둘라 저 모자는 얼마예요?

점원 23,000원이에요.

압둘라 그럼, 이 모자 주세요.

점원 네, 30,000원이에요.

확인해 봅시다. Let's check.

- ☐ 모자가 얼마예요?
- ☐ 압둘라는 어떤 모자를 샀어요?

다음 표현을 사용해서 위와 같이 대화를 만들어 봅시다.
Using the expressions below, have a conversation, following the above example.

이 모자 30,000원	빵 700원	라면 1,300원	공책 1,700원
저 모자 23,000원	주스 1,200원	아이스크림 1,000원	필통 3,500원

해 봅시다!

그림을 보고 가게 주인과 손님이 되어 이야기해 봅시다.

Look at the picture. One student will pretend to be the store manager, and the other student will pretend to be the customer, and practice having a conversation like in the example below.

가　저기요, 이 볼펜 얼마예요?

나　천오백 원이에요.

가　그럼, 저 필통은 얼마예요?

나　천오백 원이에요.

⋮

가　볼펜, 필통, 공책 주세요. 모두 얼마예요?

나　육천오백 원이에요.

문법 설명

한자어 숫자 (Sino-Korean numbers)

1	2	3	4	5	6	7	8	9	10
일	이	삼	사	오	육	칠	팔	구	십
11	12	13	14	15	16	17	18	19	20
십일	십이	십삼	십사	십오	십육	십칠	십팔	십구	이십
30	40	50	60	70	80	90	100	1000	10000
삼십	사십	오십	육십	칠십	팔십	구십	백	천	만

어휘와 표현

모자	시험	경복궁역	코트	아이스크림
얼마	몇	과자	바지	
원	층	수건	내일	맞아요
며칠	번	티셔츠	빵	생일 축하해요
월	길음역	운동화	주스	주세요
일	호선	사과	라면	저기요

MEMO

05과

어디에 가요?

05과 어디에 가요?

문법 1 장소 명사

여기가 어디예요?

영화관이에요.

연습 1

그림을 보고 장소의 이름을 알아봅시다.

Let's look at the pictures and learn the names of these places.

1.  집

2. 

3. 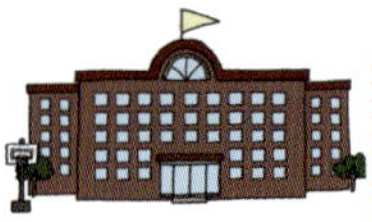

4. 

5. 

6. 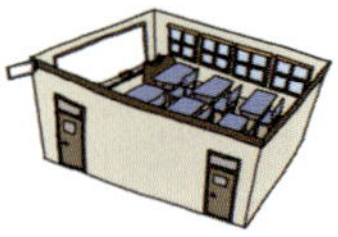

7. 

8. 

9. 

10. 

11. 

12. 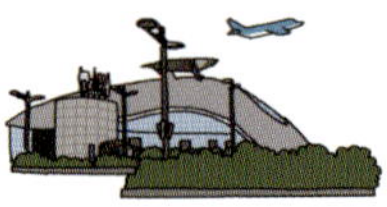

연습 2

다음과 같이 말해 봅시다. Let's speak, following the example below.

가 여기가 어디예요?
나 남대문시장이에요.

1. 남대문시장　2. 서울도서관　3. 학교 서점　4. 경복궁
5. 한글박물관　6. 강남역　7. 인천공항　8. 하늘공원

연습 3

친구에게 그림을 보여 주며 다음과 같이 이야기해 봅시다.
Show your partner the picture and talk about them, following the example below.

가 여기가 어디예요?
나 63빌딩이에요.
가 63빌딩은 어디에 있어요?
나 여의도에 있어요.

63빌딩 / 여의도

롯데월드 / ________

고향 집 / ________

문법 2 에 가다

어디에 가요?

도서관에 가요.

연습 1

그림을 보고 다음과 같이 말해 봅시다.

Look at the pictures and talk about them, following the example below.

저는 우체국에 가요.

1. 우체국

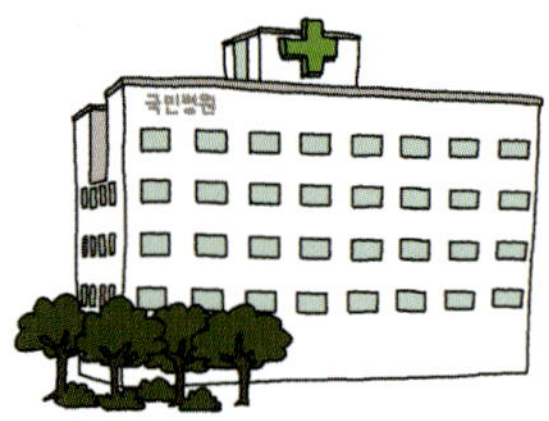

2. 병원

3. 미용실

4. 공항

5. 식당

6. 커피숍

연습 2

그림을 보고 다음과 같이 묻고 대답해 봅시다.

Look at the picture and practice asking and answering questions, following the example below.

가 마키 씨는 어디에 가요?

나 커피숍에 가요.

연습 3

다음과 같이 이야기해 봅시다.

Practice asking and answering questions, following the example below.

바트 씨, 안녕하세요?
지금 어디에 가요?

은행에 가요. 마키 씨는요?

저는 커피숍에 가요.

안녕히 가세요.

네, 안녕히 가세요.

대화 1

48

간토야	저기요, 화장실이 어디에 있어요?
직원	2층에 있어요.
간토야	여기 커피숍이 있어요?
직원	네, 5층에 있어요.
간토야	감사합니다.

확인해 봅시다. Let's check.

- ☐ 화장실이 어디에 있어요?
- ☐ 커피숍이 어디에 있어요?

친구들과 함께 위와 같이 이야기해 봅시다.
Let's talk with friends as above.

대화 2

49

제프리	마키 씨, 안녕하세요? 어디에 가요?
마키	도서관에 가요. 제프리 씨는요?
제프리	저는 은행에 가요.
마키	은행이 어디에 있어요?
제프리	도서관 근처에 있어요.

확인해 봅시다. Let's check.

□ 마키 씨는 어디에 가요?

□ 은행은 어디에 있어요?

다음 표현을 사용해서 위와 같이 대화를 만들어 봅시다.
Using the expressions below, have a conversation, following the above example.

은행	도서관 근처	학생식당	서점 앞
미용실	식당 뒤	체육관	기숙사 뒤
문구점	사진관 옆	편의점	기숙사 근처

해 봅시다!

다음과 같이 카드에 있는 장소에 대해 친구와 묻고 대답해 봅시다.

Practice asking and answering questions about the place depicted on the card, following the example below.

B 어디에 가요?

A 은행에 가요.

B 은행은 어디에 있어요?

A 커피숍 옆에 있어요.

〈학생 A〉

나는 어디에 가요? 그림을 보고 친구에게 말해 주세요.

Where am I going? Look at the picture and give your partner the directions.

- ✔ 은행
- 우체국
- 빵집

친구가 어디에 가요? 친구의 말을 듣고 그림에 표시하세요.

Where is your partner going? Listen to what your partner says and mark that location on the picture

A 어디에 가요?
B 안경점에 가요.
A 안경점은 어디에 있어요?
B PC방 옆에 있어요.

〈학생 B〉

친구가 어디에 가요? 친구의 말을 듣고 그림에 표시하세요.
Where is your partner going? Listen to what your partner says and mark that location on the picture

나는 어디에 가요? 그림을 보고 친구에게 말해 주세요.
Where am I going? Look at the picture and give your partner the directions.

- ✔ 안경점
- 서점
- 식당

문법 설명

에 가다

The particle '에' is used after a noun, which denotes a location, and is also used with a verb denoting a movement '가다(to go)', '오다(to come)' etc. This structure indicates that the location is the destination or the direction of the movement.

- 학교에 가요.
- 중국에 가요.
- 백화점에 가요.

어휘와 표현

영화관	우체국	63빌딩	뒤	PC방
집	공항	여의도	체육관	빵집
공원	남대문시장	롯데월드	문구점	약국
도서관	한글박물관	미용실	사진관	
식당	강남역	화장실	옆	안녕히 가세요
은행	인천공항	근처	편의점	감사합니다
시장	하늘공원	앞	안경점	

06과

커피 한 잔 주세요

06과 커피 한 잔 주세요

문법 1 고유어 숫자, 단위 명사

사과가 몇 개 있어요?

한 개 있어요.

연습 1 그림을 보고 다음과 같이 숫자를 읽어 봅시다.

Practice reading the following numbers as in the example.

빵 세 개

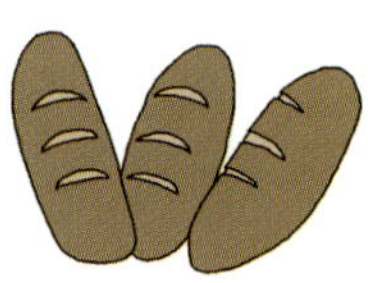

1. 빵 3개

2. 표 2장

3. 커피 7잔

4. 주스 4병

5. 학생 5명

6. 책 6권

7. 고양이 1마리

연습 2

다음과 같이 묻고 대답해 봅시다.
Practice asking and answering questions, following the example below.

가 학생이 몇 명 있어요?
나 열두 명 있어요.

1. 학생 / 12
2. 공책 / 4
3. 강아지 / 2
4. 의자 / 10
5. 사과 주스 / 3
6. 영화표 / 1

연습 3

다음과 같이 이야기해 봅시다.
Practice asking and answering questions, following the example below.

간토야 씨,
가족이 몇 명이에요?

네 명이에요.
아버지, 어머니, 오빠 한 명이 있어요. 바트 씨는요?

여섯 명이에요.
부모님, 형 두 명,
누나 한 명이 있어요.

가족	우리 반 학생	룸메이트
신발	가방 안 (책, 공책, 필통...)	필통 안 (볼펜, 지우개...)

문법 2 주문

연습 1 다음과 같이 말해 봅시다. Let's speak, following the example below.

물 다섯 병 주세요.

1. 물 5병

2. 공책 15권

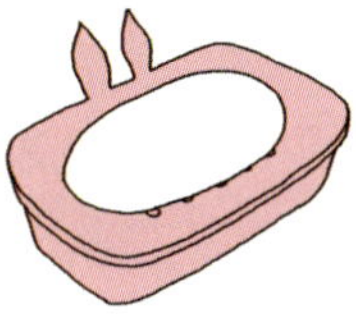

3. 비누 10개

4. 치약 3개

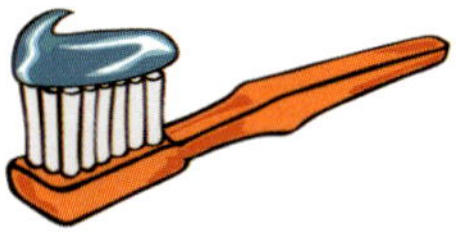

5. 칫솔 7개

6. 라면 4개

연습 2

다음과 같이 묻고 대답해 봅시다.
Practice asking and answering questions, following the example below.

가 사과 한 개에 얼마예요?
나 1,500원이에요.
가 사과 세 개 주세요.
나 네, 여기 있어요.

1. 사과 / 1,500원 / 3개
2. 콜라 / 1,700원 / 5병
3. 영화표 / 9,000원 / 2장
4. 지우개 / 500원 / 1개
5. 공책 / 1,200원 / 4권
6. 치킨 / 18,000원 / 2마리

연습 3

친구와 다음과 같이 이야기해 봅시다.
Let's talk with friends, following the example below.

어서 오세요.

아메리카노 한 잔,
오렌지 주스 두 잔 주세요.

네, 모두 9,500원이에요.

커피숍	과일 가게	햄버거 가게
문구점	영화관	ㅇㅇ 가게

대화 1

50

왕쯔이	투이 씨는 가족이 몇 명이에요?
투이	다섯 명이에요. 아버지, 어머니, 언니 두 명이 있어요.
왕쯔이	그래요? 우리 가족은 모두 세 명이에요.
투이	형제가 없어요?
왕쯔이	강아지 한 마리가 있어요.

확인해 봅시다. Let's check.

☐ 투이 씨는 가족이 몇 명 있어요?

☐ 왕쯔이 씨는 형제가 몇 명 있어요?

친구들과 함께 위와 같이 이야기해 봅시다.
Let's talk with friends as above.

대화 2

51

점원	어서 오세요.
이리나	아메리카노 한 잔에 얼마예요?
점원	4,000원이에요.
이리나	주스는 한 병에 얼마예요?
점원	오렌지 주스는 3,700원, 포도 주스는 4,000원이에요.
이리나	아메리카노 두 잔, 포도 주스 한 병 주세요.
점원	네, 모두 12,000원이에요.

확인해 봅시다. Let's check.

- ☐ 아메리카노 한 잔에 얼마예요?
- ☐ 포도 주스 한 병에 얼마예요?
- ☐ 모두 얼마예요?

다음 표현을 사용해서 위와 같이 말해 봅시다.
Using the expressions below, have a conversation, following the above example.

아메리카노 4,000원	오렌지 주스 3,700원	포도 주스 4,000원
콜라 1,700원	딸기 아이스크림 2,500원	초코 아이스크림 2,400원

해 봅시다!

다음 대화와 같이 전화로 주문해 봅시다. Let's call and order food, following the conversation below.

가 네, 피자나라입니다.

나 여보세요. 여기 국민대학교 생활관 A동 503호인데요.
불고기 피자 얼마예요?

가 한 판에 27,000원이에요.

나 그럼, 콤비네이션 피자는 얼마예요?

가 콤비네이션 피자는 25,000원이에요.

나 콜라는 한 병에 얼마예요?

가 3,000원이에요.

나 그럼 불고기 피자 한 판, 콜라 두 병 주세요. 모두 얼마예요?

가 33,000원이에요.

나 네, 알겠습니다.

피자나라

콤비네이션 피자	25,000
불고기 피자	27,000
고르곤졸라 피자	27,000
페퍼로니 피자	23,000
콜라	3,000
사이다	3,000

치킨나라

프라이드 치킨	18,000
양념 치킨	20,000
반반 치킨	20,000
마늘 치킨	22,000
간장 치킨	21,000
콜라	3,000
사이다	3,000
생맥주	4,000

문법 설명

고유어 숫자 (Native Korean numbers)

1	2	3	4	5	6	7	8	9	10
하나 (한*)	둘 (두*)	셋 (세*)	넷 (네*)	다섯	여섯	일곱	여덟	아홉	열
11	20	30	40	50	60	70	80	90	100
열하나 (열한*)	스물 (스무*)	서른	마흔	쉰	예순	일흔	여든	아흔	백

'한', '두', '세', '네' or '스무' are used before some counters and express quantities of one, two, three, or four.

- 사과 **한** 개
- 책 **두** 권
- 어른 **세** 명
- 주스 **네** 병
- **스무** 살

어휘와 표현

개
장
잔
병
명
권
고양이
마리
강아지
영화표
룸메이트
신발
물
비누
치약
칫솔
콜라
치킨
아메리카노
오렌지
과일
가게
햄버거
형제
포도
딸기
초코
불고기
피자
판
마늘
간장

MEMO

읽기

3. 우리는 매일 학생회관에 가요

4. 우리는 지금 학생회관에 있어요

읽기 3 우리는 매일 학생회관에 가요

우리 학교 학생회관은 어디에 있어요? 몇 층에 무엇이 있어요?

Where is our school's student center? What floor is it on and what can be found there?

읽어 봅시다. Let's read.

우리는 매일 학생회관에 가요.
학생회관에 가게가 많이 있어요.
1층 엘리베이터 근처에 빵집이 있어요.
빵집 옆에 서점이 있어요.
서점 안에 학생들이 많이 있어요.
서점 앞에 우체국이 있어요.
우체국 위층에 학생 식당이 있어요.
학생 식당 음식이 맛있어요.

가. 읽고 이야기해 봅시다. Let's read and discuss.

1. 우리는 매일 어디에 가요?
2. 학생회관 1층에 무엇이 있어요?

나. 읽고 맞으면 ○, 틀리면 ×를 하세요.

Read the above text. If the following statement is correct, mark a circle. If it is incorrect, mark an X.

1. 빵집은 1층에 있어요. (　)
2. 우체국 옆에 서점이 있어요. (　)
3. 식당은 1층에 있어요. (　)

다. _____에 주의하면서 듣고 따라 해 봅시다.

Paying careful attention to the underlined text, listen to the reading, and read along out loud.

52

1. 학생회관에 가요.
2. 가게가 많이 있어요.
3. 빵집 옆에 있어요.
4. 위층에 학생 식당이 있어요.
5. 음식이 맛있어요.

라. 앞의 글을 읽고 대화를 만들어 봅시다. Practice having a conversation using the above text.

가 빵집이 어디에 있어요?
가 그럼, 서점은 어디에 있어요?
가 서점 앞에 무엇이 있어요?
가 학생 식당은 어디에 있어요?
가 학생 식당 음식이 어때요?

나 ....
나 ....
나 ....
나 ....
나 ....

● 친구와 말해 봅시다. 매일 어디에 가요? 그 근처에 무엇이 있어요?

Practice this conversation with a partner. Where do you go on a daily basis? What are in its surrounding area?

어휘와 표현

학생회관	매일	가요	많이	엘리베이터
안	위층	음식	맛있어요	

읽기 4 우리는 지금 학생회관에 있어요

● 여러분은 지금 어디에 있어요? Where are you now?

● 읽어 봅시다. Let's read.

우리는 지금 학생회관에 있어요.
학생회관 1층에 서점이 있어요.
2층에 빵집이 있어요. 우체국도 있어요.
그리고 지하 1층에 학생식당이 있어요. 식당 음식이 맛있어요.
그래서 점심시간에 학생들이 식당에 많이 있어요.
지하 2층에 미용실, 꽃집, 아이스크림 가게가 있어요. 매점은 없어요.
매점은 지하 3층에 있어요.

가. 읽고 이야기해 봅시다. Let's read and discuss.

1. 우리는 지금 어디에 있어요?
2. 학생회관 1층에 무엇이 있어요?

나. 읽고 맞으면 ○, 틀리면 ×를 하세요.
Read the above text. If the following statement is correct, mark a circle. If it is incorrect, mark an X.

1. 빵집은 2층에 있어요. ( )
2. 학생 식당은 1층에 있어요. ( )
3. 꽃집 옆에 매점이 있어요. ( )

다. ____에 주의하면서 듣고 따라 해 봅시다.

Paying careful attention to the underlined text, listen to the reading, and read along out loud.

53

1. 학생들이 식당에 많이 있어요.
2. 미용실, 꽃집, 아이스크림 가게가 있어요.
3. 매점은 없어요.

라. 앞의 글을 읽고 대화를 만들어 봅시다. Practice having a conversation using the above text.

가 지금 어디에 있어요?
가 학생 식당은 어디에 있어요?
가 지하 2층에 무엇이 있어요?
가 매점은 어디에 있어요?

나 ………………………………….
나 ………………………………….
나 ………………………………….
나 ………………………………….

친구와 말해 봅시다. 지금 어디에 있어요 ? 그 근처에 무엇이 있어요?

Practice this conversation with a partner. Where are you now? What are in its surrounding area?

어휘와 표현

지금 지하 점심시간 꽃집 매점

문화 Culture

한국인의 이름 Korean names

The two parts of a Korean name are the family name and the given name. For example, with the name "이지훈(Lee Jihoon)", "이(Lee)" is the family name and "지훈(Jihoon)" is the given name. The family name is usually adopted from the father's side of the family, and all of the members of the immediate family would have the same. When addressing someone by name, it is customary to use the family name or full name followed by their job title. For instance, we would say: "김 선생님(Teacher Kim)" or "김민수 선생님(Teacher Kim Minsoo)". We can also call someone by adding an honorific title '씨(Mr., Mrs., or Miss)' after one's full name, as in Lee Ji Hoon '씨' or after their given name as in Ji Hoon '씨' However, be careful not to attach '씨' to just the family name, as this will seem disrespectful. Also, '씨' is not to be placed behind a job title or a term describing a family relation; for example, one would not say "선생님 씨", "의사 씨", "엄마 씨" or "오빠 씨".

Let's practice

- **선생님을 불러 봅시다.**

  Use the proper Korean terms to call your teacher.

- **반 친구들의 이름을 불러 봅시다.**

  Use the proper Korean terms to call your classmates by name.

07과

저는 지금 숙제를 해요

07과 저는 지금 숙제를 해요

문법 1 -아/어/여요

지금 뭐 해요?

지금 숙제해요.

연습 1

다음과 같이 쓰고 말해 봅시다. Let's write and talk as follows.

-아요	-어요	-해요
가요.	먹어요.	숙제해요.

✔가다 자다 사다 만나다 오다 보다

✔먹다 읽다 씻다 마시다 ✔숙제하다 배우다

만나요

연습 2

그림을 보고 다음과 같이 묻고 대답해 봅시다.
Look at the picture and talk about it, practice asking and answering questions, following the example below.

가 알렉세이 씨가 지금 뭐 해요?
나 알렉세이 씨가 노래해요.

연습 3

친구의 행동을 보고 말해 봅시다. Let's look at your friend's behavior and talk.

운동하다	자다	먹다	공부하다	

문법 2 을/를

연습 1 다음과 같이 말해 봅시다. Let's speak, following the example below.

물을 마셔요.

1. 물 / 마시다

2. 청소 / 하다

3. 친구 / 만나다

4. 신문 / 읽다

5. 손 / 씻다

6. 운동 / 하다

연습 2

다음과 같이 묻고 대답해 봅시다.
Practice asking and answering questions, following the example below.

가 마키 씨가 무엇을 해요?
나 책을 읽어요.

마키

윤아

바트

왕쯔이

카오루

제프리

알렉세이

이리나

연습 3

친구가 오늘 무엇을 하는지 물어봅시다. Ask your friend what he/she does today.

오늘 뭐 해요?

친구를 만나요.
지훈 씨는요?

영화를 봐요.

⋮

알렉세이	지훈
친구를 만나요.	

대화 1

54

알렉세이	투이 씨, 어디에 가요?
투이	도서관에 가요. 내일 시험이 있어요. 알렉세이 씨는요?
알렉세이	저는 운동장에 가요.
투이	알렉세이 씨는 매일 운동해요?
알렉세이	네, 저는 매일 운동해요.

확인해 봅시다. Let's check.

- □ 투이 씨는 어디에 가요?
- □ 알렉세이 씨는 매일 운동해요?

다음 표현을 사용해서 위와 같이 대화를 만들어 봅시다.
Using the expressions below, have a conversation, following the above example.

도서관	시험이 있다	운동장	운동하다
백화점	친구 생일이다	공원	산책하다
커피숍	약속이 있다	편의점	아르바이트하다

대화 2

55

왕쯔이	바트 씨, 어디에 있어요?
바트	집에 있어요.
왕쯔이	지금 뭐 해요?
바트	텔레비전을 봐요. 왕쯔이 씨는 뭐 해요?
왕쯔이	저는 지금 숙제를 해요.

확인해 봅시다. Let's check.

- ☐ 바트 씨가 무엇을 해요?
- ☐ 왕쯔이 씨가 무엇을 해요?

친구들과 함께 위와 같이 이야기해 봅시다.

Let's talk with friends as above.

해 봅시다!

오늘은 이리나 씨 생일이에요. 친구들이 생일 파티를 해요. 다음 그림을 보고 대화를 만들어 봅시다. Today is Irina's birthday. Irina and her friends are having a birthday party. Let's look at the picture and create a conversation.

가 여보세요?

나 마키 씨, 지금 어디예요?

가 집에 있어요.

나 오늘 이리나 씨 생일이에요. 지금 생일 파티를 해요.

가 아, 그래요? 어디에 있어요?

나 학교 앞 식당에 있어요. 빨리 와요.

가 누가 있어요?

⋮

생일에 무엇을 해요? 누구를 초대해요? 친구와 같이 이야기해 봅시다.

What do you do on your birthday? Who do you invite? Talk with a partner.

문법 설명

-아/어/여요

A sentence ending used for a statement, question, command, or suggestion in an informal situation. If the last syllable of the stem of a verb or an adjective has 'ㅏ' or 'ㅗ', '-아요' is used. For all other vowels, '-어요' is used. If the verb or adjective ends with '하다', '-여요' should be attached as in '하여요' which is generally contracted to the form of 해요. If the verb or adjective ends with 'ㅡ', the vowel 'ㅡ' should be deleted as in '쓰 + 어요 → 써요'.

- 가 + 아요 → 가요
- 마시 + 어요 → 마셔요
- 읽 + 어요 → 읽어요
- 좋 + 아요 → 좋아요

※ 크 + 어요 → 커요

- 보 + 아요 → 보아요/봐요
- 먹 + 어요 → 먹어요
- 하 + 여요 → 하여요(→해요)
- 많 + 아요 → 많아요

※ 예쁘 + 어요 → 예뻐요

을/를

Attached after a noun to indicate that the noun is an object which is affected by the action of the agent. If the last syllable of the noun ends with a consonant, '을' is used. If the last syllable of the noun ends with a vowel, '를' should be used.

- 친구가 신문을 봐요.
- 동생이 사과를 먹어요.
- 학생이 책을 읽어요.

어휘와 표현

하다	오다	마시다	공부하다	요리	오늘	아르바이트	우유
가다	보다	숙제하다	친구	전화	무엇	텔레비전	파티
자다	먹다	배우다	청소	샤워	약속	음료수	
사다	읽다	노래하다	신문	기다리다	백화점	명동	누가
만나다	씻다	운동하다	손	영화	산책하다	쇼핑	여보세요

MEMO

08과

오늘 학교에 안 가요

08과 오늘 학교에 안 가요

문법 1 에서

어디에서 옷을 사요?

백화점에서 옷을 사요.

연습 1 다음과 같이 말해 봅시다. Let's speak, following the example below.

서점에서 책을 사요.

1. 책을 사다

2. 산책을 하다

3. 돈을 찾다

4. 과일을 사다

5. 점심을 먹다

6. 일을 하다

연습 2

다음과 같이 묻고 대답해 봅시다.
Practice asking and answering questions, following the example below.

가 어디에서 옷을 사요?
나 백화점에서 사요.

1. 옷을 사다 / 백화점
2. 운동을 하다 / 공원
3. 아르바이트를 하다 / 커피숍
4. 책을 읽다 / 도서관
5. 한국어를 배우다 / ....
6. 점심을 먹다 / ....

연습 3

다음과 같이 친구와 말해 봅시다. Let's talk with friends as follows.

윤아	알렉세이 씨, 운동을 좋아해요?
알렉세이	네, 아주 좋아해요.
윤아	그래요? 어디에서 운동을 해요?
알렉세이	저는 학교 운동장에서 운동을 해요.

알렉세이	________	________
좋아하는 것 : 운동 장소 : 학교 운동장	좋아하는 것 : 장소 :	좋아하는 것 : 장소 :
________	________	________
좋아하는 것 : 장소 :	좋아하는 것 : 장소 :	좋아하는 것 : 장소 :

문법 2 안

연습 1

다음과 같이 말해 봅시다. Let's speak, following the example below.

커피를 안 마셔요.

1. 커피를 마시다
2. 돼지고기를 먹다
3. 담배를 피우다
4. 회사에 다니다
5. 매일 청소를 하다
6. 집에서 공부하다
7. 운동을 좋아하다
8. 한국 친구가 있다

연습 2

다음과 같이 묻고 대답해 봅시다.
Practice asking and answering questions, following the example below.

가 커피를 마셔요?
나 아니요, 커피를 안 마셔요. 주스를 마셔요.

1. 커피를 마시다 / 주스
2. 중국어를 공부하다 / 한국어
3. 시장에 가다 / 편의점
4. 영화를 보다 / 텔레비전
5. 기숙사에 살다 / 원룸
6. 친구를 만나다 / 동생

연습 3

다음과 같이 이야기해 봅시다. Practice asking and answering questions, following the example below.

1.

(X) (O)

2.
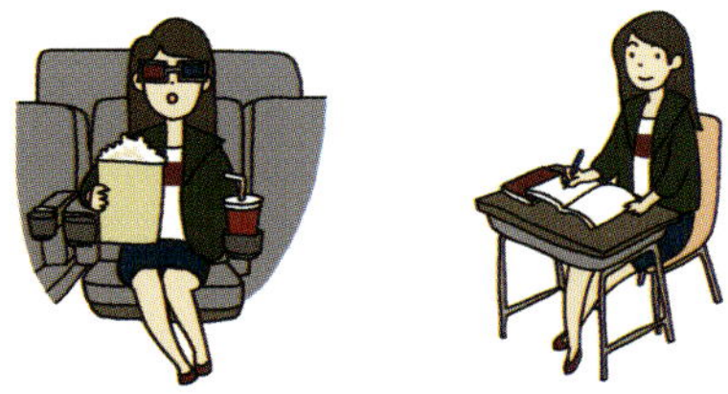
(X) (O)

3.

(X) (O)

4.

(X) (O)

5.

(X) (O)

6.

(X) (O)

오늘 학교에 가요?

아니요, 학교에 안 가요.

그럼, 뭐 해요?

친구를 만나요.

어디에서 친구를 만나요?

⋮

대화 1

56

간토야	마키 씨, 오늘 뭐 해요?
마키	아르바이트를 해요.
간토야	그래요? 어디에서 아르바이트를 해요?
마키	커피숍에서 아르바이트를 해요.

확인해 봅시다. Let's check.

☐ 마키 씨는 오늘 공부해요?

☐ 마키 씨는 커피숍에서 무엇을 해요?

다음 표현을 사용해서 위와 같이 대화를 만들어 봅시다.
Using the expressions below, have a conversation, following the above example.

아르바이트하다	쇼핑하다	운동하다	친구를 만나다
커피숍	백화점	운동장	도서관

대화 2

57

제프리	마키 씨, 지금 어디에 가요?
마키	백화점에 가요.
제프리	백화점에서 쇼핑해요?
마키	아니요, 쇼핑 안 해요. 친구를 만나요.

확인해 봅시다. Let's check.

☐ 마키 씨가 어디에 가요?

☐ 마키 씨가 백화점에서 무엇을 해요?

다음 장소 카드를 가지고 위와 같이 대화를 만들어 봅시다.

Guided by the above text, practice having a conversation about the location depicted on the card.

도서관

은행

노래방

시장

휴게실

농구장

해 봅시다!

여러분은 주말에 보통 뭐 해요? 친구와 함께 주말에 하는 일에 대해 이야기해 봅시다

What do you usually do on weekends? Talk about your weekend occupations with a partner.

가 간토야 씨는 보통 주말에 뭐 해요?

나 저는 쇼핑을 좋아해요. 그래서 쇼핑해요.

가 그래요? 어디에서 쇼핑을 해요?

⋮

친구의 주말 활동 중에서 함께 해 보고 싶은 게 있어요? 누구와 함께 같이 주말 활동을 해 보고 싶어요?

Do you have any weekend activities you want to do with your friend? Who do you want to do weekend activities with?

문법 설명

에서

Attached after a noun denoting a location to indicate that the location is the place where an action is taking place.

- 학교**에서** 선생님을 만나요.
- 집**에서** 쉬어요.

안

Used before a verb or an adjective to indicate the negative or the opposite meaning. Generally used in a colloquial situation. If the verb has the structure of 'N+ 을/를 + 하다', its negative form is 'N을/를 안 해요', not '안 N을/를 해요'.

- 토요일에 학교에 가요. ↔ **안** 가요.
- 저는 커피를 마셔요. ↔ **안** 마셔요.
- 지금 공부를 해요. ↔ 공부를 **안** 해요.
- 오늘 날씨가 좋아요. ↔ **안** 좋아요.

어휘와 표현

옷	회사	커피	다니다	노래방
찾다	한국어	돼지고기	중국어	주말
점심	아주	담배	원룸	보통
일	장소	피우다	동생	

MEMO

09과

월요일에 시험이 있어요

09과 월요일에 시험이 있어요

문법 1 에[2]

언제 시험이 있어요?

월요일에 시험이 있어요.

연습 1 다음과 같이 말해 봅시다. Let's speak, following the example below.

월요일에 학교에 가요.

SUN	MON	TUE	WED	THU	FRI	SAT
일요일	월요일	(　　　)	수요일	(　　　)	(　　　)	토요일

연습 2

다음과 같이 묻고 대답해 봅시다.
Practice asking and answering questions, following the example below.

> 가 언제 한국어를 배워요?
> 나 오전에 한국어를 배워요.

1. 오전 / 한국어를 배우다
2. 오후 / 도서관에서 공부하다
3. 아침 / 운동을 하다
4. 저녁 / 친구를 만나다
5. 주말 / 쇼핑을 하다
6. 방학 / 고향에 가다

연습 3

다음 달력을 보고 친구와 이야기해 보세요.
Look at the calendar below and discuss the dates with a partner.

> 가 언제 학교에 가요?
> 나 월요일에 학교에 가요.
> 가 그럼 화요일에 뭐 해요?
> ⋮

	일요일	월요일	화요일	수요일	목요일	금요일	토요일
윤아							

	일요일	월요일	화요일	수요일	목요일	금요일	토요일

문법 2 하고

집에 과일이 있어요?

네, 사과하고 배가 있어요.

연습 1 다음과 같이 말해 봅시다. Let's speak, following the example below.

우유하고 빵이 있어요.

1.

2.

3.

4.

5.

6.

연습 2

다음과 같이 묻고 대답해 봅시다.
Practice asking and answering questions, following the example below.

1. 가 : 이 사람이 누구예요? (어머니, 아버지)

   나 : 어머니하고 아버지예요.

2. 가 : 우리 반에 어느 나라 사람이 있어요? (중국 사람, 러시아 사람)

   나 : ________________.

3. 가 : 가방에 뭐가 있어요? (지갑, 책)

   나 : ________________.

4. 가 : 아침에 무엇을 먹어요? (빵, 과일)

   나 : ________________.

5. 가 : 이 건물 2층에 뭐가 있어요? (은행, 서점)

   나 : ________________.

6. 가 : 언제 한국어를 배워요? (월요일, 수요일)

   나 : ________________.

연습 3

친구와 같이 이야기해 봅시다. Practice asking and answering questions with a partner.

점원 어서 오세요. 뭘 드릴까요?
손님 아메리카노 하나하고 오렌지주스 하나 주세요. 얼마예요?
점원 7,000원이에요.

장소	무엇을 먹어요?	가격이 얼마예요?
커피숍	아메리카노, 오렌지주스	7,000원
한식당		
햄버거 가게		

대화 1

58

제프리	마키 씨, 이번 주말에 뭐 해요?
마키	아르바이트를 해요. 제프리 씨는요?
제프리	저는 도서관에 가요. 시험이 있어요.
마키	그래요? 언제 시험이 있어요?
제프리	다음 주 화요일에 시험이 있어요.

확인해 봅시다. Let's check.

☐ 마키 씨는 주말에 뭐 해요?

☐ 제프리 씨는 주말에 뭐 해요?

친구들과 함께 위와 같이 이야기해 봅시다.
Let's talk with friends as above.

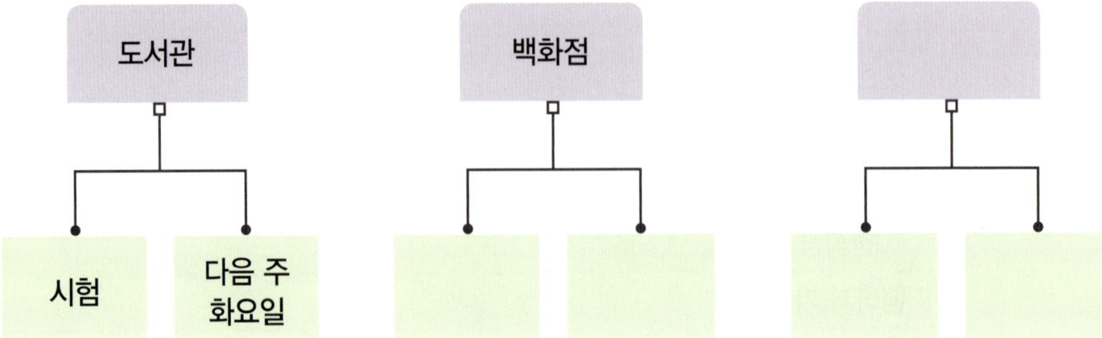

대화 2

59

간토야	알렉세이 씨, 내일 뭐 해요?
알렉세이	시장에 가요.
간토야	언제 시장에 가요?
알렉세이	오후에 가요.
간토야	시장에서 무엇을 사요?
알렉세이	과일하고 고기를 사요.

확인해 봅시다. Let's check.

- ☐ 알렉세이 씨는 내일 시장에 가요?
- ☐ 시장에서 무엇을 사요?

다음 표현을 사용해서 위와 같이 대화를 만들어 봅시다.
Using the expressions below, have a conversation, following the above example.

시장	오후	과일, 고기	사다
편의점	아침	칫솔, 비누	사다
커피숍	저녁	윤아, 지훈	만나다
백화점			

해 봅시다!

여러분은 친구와 같이 영화를 보려고 해요. 두 사람 모두 시간이 있는 요일을 찾아서 약속을 정해 보세요.

You are planning to watch a movie with a friend. Find a day of the week when you and your friend both have time and make an appointment.

[A]

	월	화	수	목	금	토	일
오전							
오후							

[B]

	월	화	수	목	금	토	일
오전							
오후							

월요일 오후에 뭐 해요?

산에 가요.

문법 설명

에[2]

Attached after a noun denoting a time to indicate that an action or state is taking place at that time. Not used after adverbs such as '내일', '오늘', '어제', '그저께', '모레', '지금'.

- 저는 아침**에** 운동을 해요.
- 오후**에** 도서관에 가요.

※ 내일**에** 친구를 만나요.(X)

- 토요일**에** 친구를 만나요.

※ 지금**에** 운동을 해요.(X)

하고

Used to connect two or more nouns of people or things in a parallel way. Often used in a colloquial situation.

- 책**하고** 공책
- 선생님**하고** 학생
- 우유**하고** 빵

어휘와 표현

언제	일요일	배(과일)	손님
월요일	오전	우산	점원
화요일	오후	어머니	
수요일	아침	아버지	어서 오세요
목요일	저녁	하나	
금요일	방학	가격	
토요일	달력	한식당	

MEMO

10과

한국 생활이 재미있어요

10과 한국 생활이 재미있어요

문법 1 형용사

연습 1 다음과 같이 말해 봅시다. Let's speak, following the example below.

날씨가 좋아요.

1. 날씨 / 좋다

2. 가방 / 비싸다

3. 가족 / 많다

4. 한국 음식 / 맛있다

5. 지하철 / 복잡하다

6. 키 / 크다

연습 2

그림을 보고 다음과 같이 묻고 대답해 봅시다.
Look at the pictures and practice asking and answering questions, following the example below.

가 미나 씨 머리가 어때요?
나 길어요.

길다 짧다 싸다 비싸다 재미있다 재미없다 조용하다
많다 적다 예쁘다 멋있다 ✔크다 작다

1. 미나 씨 머리

미나 소라

2. 국민식당

국민식당 서울식당

3. 어머니 가방

어머니 가방 제 가방

4. 한국 드라마

5. 카오루 씨 여자 친구

6. 우리 반

우리 반 옆반

연습 3

한국 생활에 대해 친구와 함께 이야기해 봅시다.
Let's talk about life in Korea with a friend.

한국 생활
- 한국 음식
- 한국어 공부
- 기숙사
- (빈칸)

문법 2 도

연습 1

다음과 같이 말해 봅시다. Let's speak, following the example below.

교실에 일본 사람이 있어요. 러시아 사람도 있어요.

1. **교실** 일본 사람 / 러시아 사람
2. **기숙사** 침대 / 책상
3. **제주도** 바다 / 산
4. **1층** 은행 / 편의점
5. **냉장고** 과일 / 아이스크림
6. **노래방** 한국 노래 / 고향 노래

연습 2

다음과 같이 묻고 대답해 봅시다. Practice asking and answering questions, following the example below.

가 영어를 잘해요?
나 네, 잘해요.
가 한국어도 잘해요?
나 네, 한국어도 잘해요.

1. 영어 / 한국어 – 잘하다
2. 여동생 / 남동생 – 있다
3. 불고기 / 비빔밥 – 맛있다
4. 매일 청소 / 요리 – 하다
5. 한국 노래 / 한국 영화 – 좋아하다
6. 매일 친구 / 부모님 – 전화하다

연습 3

친구와 같이 이야기해 봅시다. Practice asking and answering questions with a partner.

가 한국 음식을 좋아해요?
나 네, 좋아해요.
가 무엇을 좋아해요?
나 불고기를 좋아해요. 비빔밥도 좋아해요. 장핑 씨는요?
가 저도 불고기를 좋아해요.
⋮

한국 음식 | 한국 가수 / 배우 | 운동

문법 3 -(으)시-

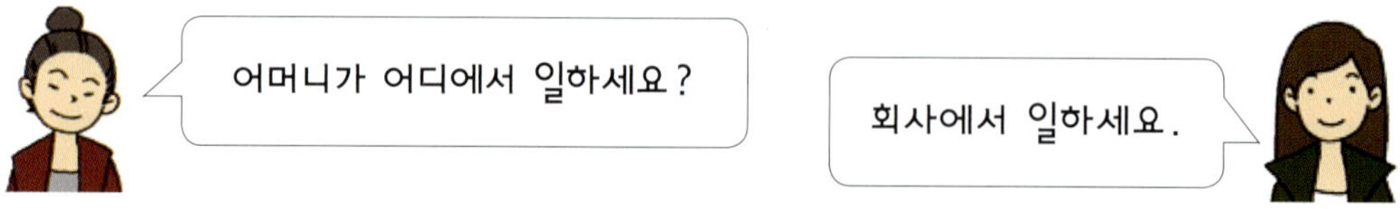

연습 1 다음과 같이 말해 봅시다. Let's speak, following the example below.

오세요.

1. 오다
2. 사다
3. 일하다
4. 입다
5. 읽다
6. 선생님이다

연습 2 다음과 같이 묻고 대답해 봅시다. Practice asking and answering questions, following the example below.

가 어머니가 무엇을 하세요?
나 어머니가 텔레비전을 보세요.

1. 텔레비전을 보다
2. 꽃을 사다
3. 운동을 하다
4. 사무실에서 일하다
5. 책을 읽다
6. 학교에서 학생들을 가르치다

연습 3 친구와 같이 이야기해 봅시다. Practice asking and answering questions with a partner.

가 아버지가 어디에서 일하세요?
나 아버지가 회사에서 일하세요.

아버지가 어디에서 일하세요?

어머니가 무엇을 하세요?

아버지가 키가 크세요?

아버지가 요리를 잘하세요?

부모님이 어디에 계세요?

대화 1

60

제프리	여기가 어디예요?
윤아	제 고향이에요.
제프리	윤아 씨는 고향이 어디예요?
윤아	제주도예요.
제프리	제주도는 어때요?
윤아	바다가 예뻐요. 그리고 음식이 맛있어요.

확인해 봅시다. Let's check.

- □ 윤아 씨 고향이 어디예요?
- □ 윤아 씨 고향은 어때요?

친구들과 함께 위와 같이 이야기해 봅시다.
Let's talk with friends as above.

고향이 어디예요?

고향 날씨가 어때요?

고향은 뭐가 유명해요?

대화 2

61

이리나	투이 씨는 어디에서 살아요?
투이	기숙사에서 친구들하고 같이 살아요.
이리나	친구들도 베트남 사람이에요?
투이	네, 베트남 사람이에요.
이리나	친구들이 어때요?
투이	아주 재미있어요.

확인해 봅시다. Let's check.

- ☐ 투이 씨가 누구와 같이 살아요?
- ☐ 투이 씨 친구들이 어때요?

다음 표현을 사용해서 위와 같이 대화를 만들어 봅시다.

Using the expressions below, have a conversation, following the above example.

기숙사 / 친구들	친구들	아주 재미있다
원룸 / 혼자	한국 생활	힘들다
학교 근처 / 반 친구	반 친구	

해 봅시다!

다음 질문에 대해 친구를 인터뷰해 보세요. 그리고 다른 친구들에게 인터뷰한 친구를 소개해 보세요. Interview a partner about the following questions. Then introduce him/her to the rest of the class.

어디에서 살아요?

누구와 같이 살아요?

무엇을 잘해요?

무엇을 좋아해요?

무엇을 안 좋아해요?

보통 주말에 뭘 해요?

친구 이름 : 밍밍

- 기숙사
- 고향 친구
- 한국어
- 운동, 요리
- 김치
- 아르바이트

____

-
-
-
-
-
-

제 친구 이름은 밍밍이에요. 밍밍은 키가 커요. 그리고 아주 친절해요.
밍밍은 기숙사에서 고향 친구하고 같이 살아요.
제 친구 밍밍은 한국어를 잘해요. 밍밍은 요리를 좋아해요.
운동도 좋아해요. 김치는 안 좋아해요.
밍밍은 토요일하고 일요일에 아르바이트를 해요. 아주 바빠요.

문법 설명

형용사

Denotes a quality or a state of a thing. Korean adjectives have the particularity that they have a base form and they can be conjugated.

- 꽃이 예뻐요.
- 선생님이 친절하세요.
- 사과가 맛있어요.

도

Used after a noun or an adverbial to indicate additive meaning to a current thing or situation. Cannot be used with the subject particle '이/가' or the object particle '을/를'.

- 압둘라 씨는 학생이에요. 저도 학생이에요.
- 아침에 빵을 먹어요. 사과도 먹어요.

-(으)시-

This honorific suffix '-(으)시-' is attached after the stem of a verb, adjective or 'Noun+이다' to express the speaker's intention of showing respect to the person being discussed. For a polite ending form of a 'Noun + 이다' structure, if the noun ends with a vowel, -세요 is used, but if the noun ends with a consonant, '-으세요' should be used. Also, for a verb or an adjective, '-세요' is used if the verb or adjective ends with a vowel, but '-으세요' is used if the verb or adjective ends with a consonant. For a verb or an adjective ending with '하다', '-세요' is used after a stem.

- 어머니예요. → 어머니세요.
- 선생님이에요. → 선생님이세요.
- 가요. → 가세요.
- 읽어요. → 읽으세요.

Some verbs have special words for their honorific usage.

※ (사람이) 있어요 → 계세요

※ 먹어요 → 잡수세요/드세요

※ 마셔요 → 드세요

※ 자요 → 주무세요

※ 사람 → 분

※ 이름 → 성함

※ 나이 → 연세

※ 말 → 말씀

어휘와 표현

생활	크다	멋있다	잘하다	유명하다
재미있다	머리	작다	여동생	똑똑하다
날씨	길다	드라마	남동생	힘들다
좋다	짧다	침대	비빔밥	혼자
비싸다	싸다	바다	배우	바쁘다
많다	재미없다	산	입다	
지하철	조용하다	제주도	사무실	
복잡하다	적다	냉장고	꽃	
키	예쁘다	영어	친절하다	

읽기

5. 저는 주말에 인사동에 가요
6. 우리 가족이에요

읽기 5 저는 주말에 인사동에 가요

여러분은 주말에 어디에 가요? 거기에서 무엇을 해요?

Where do you go on weekends? What do you do there?

읽어 봅시다. Let's read.

저는 주말에 친구를 만나요. 친구하고 같이 인사동에 가요. 외국 사람이 인사동에 많이 와요. 인사동에 옛날 물건이 많아요. 우리는 인사동에서 옛날 물건을 구경해요. 인사동에 한국 식당하고 찻집이 있어요. 우리는 점심에 된장찌개를 먹어요. 그리고 찻집에서 한국 차도 마셔요. 커피는 마시지 않아요.

가. 읽고 이야기해 봅시다. Let's read and discuss.

1. 이 사람은 주말에 무엇을 해요?
2. 이 사람하고 친구는 주말에 어디에 가요?
3. 이 사람하고 친구는 무엇을 먹어요? 무엇을 마셔요?

나. 윗글을 읽고 맞으면 ○, 틀리면 ×를 하세요.

Read the above text. If the following statement is correct, mark a circle. If it is incorrect, mark an X.

1. 인사동에 외국 사람이 많이 와요. (   )
2. 친구하고 같이 커피를 마셔요. (   )

다. ______에 주의하면서 듣고 따라 해 봅시다.
Paying careful attention to the underlined text, listen to the reading, and read along out loud.

62

1. 외국 사람이 많이 와요.
2. 친구하고 같이 인사동에 가요.
3. 옛날 물건을 구경해요.

라. 앞의 글을 대화로 만들어 봅시다. Practice having a conversation using the above text

이리나 마키 씨, 주말에 인사동에 가요?
마키 ....。
이리나 인사동에 무엇이 많아요?
마키 ....。
이리나 인사동에서 무엇을 먹어요?
마키 ....。

여러분 나라에도 옛날 물건을 파는 곳이 있어요? 친구와 이야기해 보세요.
In your native country, is there a place where antique objects are sold? Have a conversation with a partner about this.

어휘와 표현

인사동	외국 사람	옛날	물건
구경하다	찻집	된장찌개	차

읽기 6 우리 가족이에요

여러분 가족은 몇 명입니까?

How many people are in your immediate family?

읽어 봅시다. Let's read.

우리 가족이에요. 아버지가 할머니 옆에 계세요. 아버지는 경찰관이세요. 아버지 뒤에 남동생이 있어요. 남동생은 키가 커요. 남동생은 고등학생이에요. 저는 남동생 옆에 있어요. 저는 대학생이에요. 저는 키가 작아요. 제 앞에 할머니와 어머니가 계세요. 어머니는 학교에서 중국어를 가르치세요. 할머니는 요리를 잘하세요. 할머니 요리가 정말 맛있어요.

가. 윗글을 읽고 가족사진에서 각 번호가 누구인지 쓰고 질문에 답을 쓰세요.

Read the above text. write down who each of the family members are as depicted in the family photo, and write down your answers to the following questions.

1. (   ) 2. (   )
3. (   ) 4. (   )
5. (   )

나. 읽고 이야기해 봅시다. Let's read and discuss.

1. 아버지 직업이 뭐예요?
2. 어머니가 무엇을 가르치세요?
3. 할머니가 무엇을 잘하세요?

다. ______에 주의하면서 듣고 따라 해 봅시다.

Paying careful attention to the underlined text, listen to the reading, and read along out loud. 63

1. 아버지가 할머니 옆에 계세요.
2. 요리가 정말 맛있어요.

라. 앞의 글을 대화로 만들어 봅시다. Practice having a conversation using the above text

바트 민수 씨, 이분이 누구세요?
민수 ....
바트 이 학생은 누구예요?
민수 ....
바트 아버지 직업이 뭐예요?
민수 ....
바트 어머니가 무엇을 하세요?
민수 ....

친구 가족에 대해서 이야기해 보세요.

Talk about your partner's family.

어휘와 표현

할머니 고등학생 대학생

문화 Culture

한국어의 호칭 Titles in Korean

In Korean, there are many instances in which terms of kinship are used in other situations. For example, '아주머니' was originally used to refer to one's father's sister or one's mother's sister, but this term also can refer to a married woman in general, who is not a relation. Similarly, '아저씨' is used to refer to one's father's brothers, but this term can also be used to address an adult male. The words '할아버지' and '할머니' mean 'father's father' and 'father's mother' respectively. However, they are also commonly used when referring to other elderly men and women in a friendly way. In the same way, '형(older brother for a male),' '오빠(older brother for a female),' '누나(older sister for a male)' and '언니(older sister for a female)' can be used to address older friends with whom one shares a close relationship.

(Source: "The National Institute of the Korean Language (2010), "Every Aspect of our Language - 16 things a Korean should know about the Korean Language")

Let's practice

● 한국어로 가족을 부르는 말을 연습해 봅시다.

Let's practice calling family members in Korean.

부록

Appendices

대화 번역 Translation of Conversations

Unit 1

Conversation 1

Irina : Hello. I'm Irina.
Zhangping : Hello. I'm Zhangping.
Irina : Are you Chinese?
Zhangping : Yes, I'm Chinese. How about you?
Irina : I'm Russian.

Conversation 2

Alexei : I'm Alexei. What's your name?
Thui : I'm Thui.
Alexei : Are you a student?
Thui : I'm not a student. I'm an office worker.
Alexei : I'm a student. Nice to meet you.

Unit 2

Conversation 1

Alexei : What is that?
Kaoru : It's a birthday present.
Alexei : Whose birthday is it?
Kaoru : It's Maki's birthday.
Alexei : What is the present?
Kaoru : It's a wallet.

Conversation 2

Abdullah : What is that?
Thui : It's a Korean book.
Abdullah : Is it your book, Thui?
Thui : No, It's not mine.
Abdullah : Then whose book is it?
Thui : It belongs to my friend.

Unit 3

Conversation 1

Abdullah : Maki, Do you have a ballpoint pen?
Maki : No, I don't.
Abdullah : Do you have a pencil?
Maki : Yes, I have one here.
Abdullah : Thank you.

Conversation 2

Wangziyi : Where is Gantuya?
Thui : She's in the classroom.
Wangziyi : How about Irina?
Thui : She's not in the classroom.
Wangziyi : Then where is she?
Thui : She's at a coffee shop.

Unit 4

Conversation 1

Alexei : Gantuya, when is your birthday?
Gantuya : My birthday is the twelfth of April.
Alexei : Then is tomorrow your birthday?
Gantuya : Yes, it is.
Alexei : Happy birthday!
Gantuya : Thank you.

Conversation 2

Abdullah : How much is this hat?
Store staff : It's thirty thousand won.
Abdullah : How about that one?
Store staff : It's twenty thousand won.
Abdullah : Then, please give me this one.
Store staff : Yes, it's thirty thousand won.

Unit 5

Conversation 1

Gantuya : Excuse me, where's the toilet?
Staff : It's on the second floor.
Gantuya : Is there a coffee shop here?
Staff : Yes, there is one on the fifth floor.
Gantuya : Thank you.

Conversation 2

Jeffrey : Hello, Maki. Where are you going?
Maki : I'm going to the library. How about you, Jeffrey?
Jeffrey : I'm going to the bank.
Maki : Where's the bank?
Jeffrey : It's near the library.

Unit 6

Conversation 1

Wangziyi : Thui, How many family members do you have?
Thui : Five. They are my father, my mother and two sisters.
Wangziyi : Is that so? I have three family members.
Thui : Don't you have a sibling?
Wangziyi : I only have a dog.

Conversation 2

Cafe lady : Welcome.
Irina : How much is a cup of Americano?
Cafe lady : It's 4,000 won.
Irina : How much is a bottle of juice?
Cafe lady : Orange juice is 3,700 won, grape juice is 4,000 won.
Irina : Two cups of Americano, one bottle of grape juice please.
Cafe lady : Yes, 12,000 won all together.

Unit 7

Conversation 1

Alexei : Thui, where are you going?
Thui : I'm going to the library. I have an exam tomorrow. How about you, Alexei?
Alexei : I'm going to the sports field.
Thui : Are you taking exercise every day, Alexei?
Alexei : Yes, I exercise every day.

Conversation 2

Wangziyi : Bat, where are you?
Bat : I'm home.
Wangziyi : What are you doing now?
Bat : I'm watching TV. What are you doing, Wangziyi?
Wangziyi : I'm doing my homework.

Unit 8

Conversation 1

Gantuya : Maki, what are you doing today?
Maki : I'm doing a part-time job.
Gantuya : Are you? Where do you do this part-time job?
Maki : I'm doing it in a coffee shop.

Conversation 2

Jeffrey : Maki, where are you going now?
Maki : I'm going to the department store.
Jeffrey : Are you going to do some shopping?
Maki : No, I'm not going to do that. I'm going to meet my friend.

Unit 9

Conversation 1

Jeffrey : Maki, What are you doing this weekend?
Maki : I'm doing a part-time job. How about you, Jeffrey?
Jeffrey : I'm going to the library. I have an exam.
Maki : Do you? When is the exam?
Jeffrey : It's next Tuesday.

Conversation 2

Gantuya : Alexei, what are you doing tomorrow?
Alexei : I'm going to the market.
Gantuya : When are you going to the market?
Alexei : I'm going in the afternoon.
Gantuya : What are you going to buy?
Alexei : I'm going to buy fruits and meat.

Unit 10

Conversation 1

Jeffrey : Where is this place?
Yunah : It's my hometown.
Jeffrey : Where is your hometown?
Yunah : It's Jeju island.
Jeffrey : How is Jeju island?
Yunah : The sea is pretty and the food is delicious.

Conversation 2

Irina : Thui, where do you live?
Thui : I live in a dorm with friends.
Irina : Are they also Vietnamese?
Thui : Yes, they are Vietnamese.
Irina : How are they?
Thui : They are fun.

어휘 색인 Vocabulary Glossary

ㄱ

가게	6과
가격	9과
가다	7과
가방	2과
가수	1과
가요	읽기3
가위	3과
가족	3과
간장	6과
간호사	1과
감사합니다	5과
강남역	5과
강아지	6과
개	6과
거	2과
경복궁역	4과
경찰관	1과
고등학생	읽기6
고마워요	3과
고양이	6과
고향	3과
공부하다	7과
공원	5과
공책	2과
공항	5과
과일	6과
과자	4과
교실	3과
교통	3과
구경하다	읽기5
권	6과
그것	2과
근처	5과
금요일	9과
기다리다	7과
기숙사	3과
길다	10과
길음역	4과
꽃	10과
꽃집	읽기4

ㄴ

나라	1과
날씨	10과
남대문시장	5과
남동생	10과
남자 친구	3과
내일	4과
냉장고	10과
노래방	8과
노래하다	7과
누가	7과
누구	2과

ㄷ

다니다	8과
달력	9과
담배	8과
대학생	읽기6
도서관	5과
돈	3과
동생	8과
동전	3과
돼지고기	8과
된장찌개	읽기5
뒤	5과
드라마	10과
들	3과
딸기	6과
똑똑하다	10과

ㄹ

라디오	3과
라면	4과
러시아	1과
롯데월드	5과
룸메이트	6과

포도	6과
풀	3과
피우다	8과
피자	6과
필통	2과

ㅎ

하나	9과
하늘공원	5과
학교	3과
학생	1과
학생증	3과
학생회관	읽기3
한국	1과
한국어	8과
한글박물관	5과
한식당	9과
할머니	읽기6
핸드폰	2과
햄버거	6과
형제	6과
호선	4과
호텔	읽기1
혼자	10과
화요일	9과
화장실	5과
화장품	2과
회사	8과
회사원	1과
휴지	3과
휴지통	2과
힘들다	10과

기타

63빌딩	5과
PC방	5과

mp3 목록 mp3 list

번호	단원	단원 내용	쪽
1	한글 1 모음(1)	준비	5
2		연습 1	5
3		연습 2	5
4	한글 1 자음(1)	준비	6
5		연습 2	7
6		연습 3	7
7		연습 4	7
8	한글 1 모음(2)	준비	8
9		연습 2	9
10		연습 3	9
11		연습 4	9
12		해 봅시다	10
13		해 봅시다	10
14	한글 2 자음(2)	준비	11
15		연습 2	12
16		연습 3	12
17		연습 4	12
18	한글 2 자음(3)	준비	13
19		연습 2	14
20		연습 3	14
21		연습 4	14
22	한글 2 자음(4)	준비	15
23		연습 2	15
24		연습 3	15
25		연습 4	15
26		해 봅시다	16
27		해 봅시다	16
28	한글 3 모음(3)	준비	17
29		연습 2	17
30		연습 3	17
31	한글 3 받침(1)	준비	18
32		연습 2	18
33		연습 3	18

번호	단원	단원 내용	쪽
34	한글 3 받침(2)	준비	19
35		연습2	19
36		해 봅시다	20
37		해 봅시다	20
38	1과	대화1	28
39		대화2	29
40	2과	대화1	38
41		대화2	39
42	3과	대화1	48
43		대화2	49
44	읽기1	발음	54
45	읽기2	발음	56
46	4과	대화1	64
47		대화2	65
48	5과	대화1	74
49		대화2	75
50	6과	대화1	84
51		대화2	85
52	읽기 3	발음	91
53	읽기 4	발음	93
54	7과	대화1	100
55		대화2	101
56	8과	대화1	110
57		대화2	111
58	9과	대화1	120
59		대화2	121
60	10과	대화1	132
61		대화2	133
62	읽기 5	발음	139
63	읽기 6	발음	141